분단을 건너는 아이들

손안의 통일 ❺

분단을 건너는 아이들

: 탈북 청소년 수기

정은찬 엮음

통일부
통일교육원

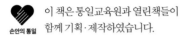 이 책은 통일교육원과 열린책들이
함께 기획·제작하였습니다.

손안의 통일

일러두기
• 이 책의 필자 가운데 학생 이름은 전부 가명이고, 교사는 실명이다.

이 책은 실로 꿰매어 제본하는 정통적인 사철 방식으로 만들어졌습니다.
사철 방식으로 제본된 책은 오랫동안 보관해도 손상되지 않습니다.

〈손안의 통일〉 시리즈를 발간하며

2018년 평창에서 시작된 한반도 평화의 흐름은 세 차례의 남북정상회담을 거치며 거대한 역사적 흐름이 되었습니다. 이제 우리는 오랜 분단이 가져온 마음속의 제약을 극복하고, 한반도 평화의 시대를 맞이하는 물결 앞에 서 있습니다.

평화의 시대, 그 문을 여는 열쇠는 바로 시대정신을 반영한 〈통일 교육〉이라고 생각합니다. 분단의 현실을 사는 우리에게는 서로 다름을 인정하고 공존하며, 갈등을 평화롭게 해결하는 방법을 터득해 나가는 〈평화 교육〉이 곧 오늘날 필요한 통일 교육입니다. 새 시대에 맞는 한반도 평화를 위한 통일 교육은 정답을 주입하는 가르침이 아니라, 미래 세대들과의 소통을 통해 〈평화의 감수성〉을 기르는 과정이어야 합니다. 이러한 통일 교육은 우리 삶의 영역을 넓

히고, 각자가 가진 상상력을 마음껏 펼칠 수 있도록 도와줄 것입니다.

이러한 시점에 발간되는 〈손안의 통일〉 시리즈는, 딱딱한 기존 통일 교육 도서에서 탈피해 누구나 접근할 수 있도록 쉽게 쓰였습니다. 또한 일반 시민, 대학생, 청소년, 기업 등 대상별 맞춤형으로 제작되었고, 인문학·청소년 토론 등 다양한 소재를 활용했습니다. 이 책이 통일·북한 문제는 어렵다는 고정 관념을 타파하는 데 기여하고, 많은 국민들에게 일상의 주변 가까운 곳에서부터 평화의 의미를 느끼고, 평화의 감수성을 기르게 해주기를 바랍니다. 아울러 이 책이 평화와 통일의 시대로 나아가는 우리의 여정에 중요한 밑거름이 되기를 기대합니다.

제40대 통일부 장관

김연철

짠한 감동이 밀려오는 글입니다. 아이들은 솔직합니다. 자기의 생각을 숨기는 데 서툴러 마음을 있는 그대로 표현합니다. 글을 읽노라면 어린 나이에 낯선 땅에 뿌리를 내리기 위해 고민하고, 있는 힘을 다하여 이 땅에 정착하려고 노력하는 모습이 보이는 것 같습니다.

나무가 다른 곳에서 뿌리를 내리려면 앓음 과정을 거쳐야 합니다. 큰 나무보다 작은 나무는 이 과정을 더 쉽게 견딜 수 있습니다. 그래서 다른 곳으로 이사 가면 어른보다 아이들의 정착이 더 빠르다고 알려져 있습니다. 저도 그렇게 생각했습니다. 탈북 청소년들은 민주주의 사회, 풍요한 사회로 왔고 아이들은 적응력이 빠르니 별로 힘들지 않게 이 땅에 뿌리내릴 것이라고 단정했습니다. 그러나 아이들은 더 연약하고 상처받기 쉽다는 것을 미처 생각하지 못했습니다. 아이들이 얼마나 힘들까?

그래도 탈북 청소년들은 씩씩하게 어려움을 극복해 나가고 있습니다. 고향을 생각하고 통일이 될 미래를 그려 보며 훌륭하게 성장하고 있습니다. 그리고 이 땅에는 탈북 청소년들을 이해해 주고 도와주는 부모님과 친구, 선생님, 어른이 많습니다. 친구들과 이웃들의 따뜻한 미소, 인사, 덕담이 힘들어 주저앉고 싶을 때 다시 일어날 수 있는 힘과 용기를 주고 있습니다.

통일은 거창한 것이 아니라고 생각합니다. 탈북 청소년들의 이야기처럼 남북의 청소년들이 서로 부딪혀서 상처를 주기도 하고 돕기도 하며, 오해도 하고 화해도 하면서 함께 살아가는 과정이라고 생각합니다. 그런 의미에서 탈북 청소년들의 글은 단순한 정착 수기가 아닙니다. 우리가 앞으로 거치게 될 통일 이야기입니다.

남북하나재단 이사
현인애

<h1>여는 글</h1>

〈행복이 뭐이냐 그 누가 물으면 우리는 대답하리. 행복은 우리…….〉 어렸을 적에 많이 불렀던 노래 「우리는 행복해요」의 한 구절입니다. 대학에 입학한 이후에도 기분이 좋거나 즐거운 일이 있을 때면 저도 모르게 입으로 흥얼흥얼했던 이 멜로디는 제2의 인생을 시작한 이곳에서도 가끔 익숙함으로 흘러나옵니다. 그럴 때면 꼭꼭 봉해 놓은 기억의 풀림에 무릎 꿇고, 〈과거에 나는 행복했던가?〉, 〈현재의 나는 행복한가?〉라는 질문과 마주하게 됩니다.

대한민국에서 처음으로 강단에 섰던 날, 〈이곳에 살면서 제일 기억에 남는 단어는 무엇입니까?〉, 〈선생님은 지금 행복하십니까?〉라는 질문을 받은 적이 있습니다. 첫 질문에는 〈사랑〉이라고 자신 있게 답을 했으나, 두 번째 질문에는 〈잘 모르겠습니다. 10년은 살아 봐야 알 수 있지 않을까요? 그러는 선생님은 행복하십니까?〉라는 도전적인 반박으로 당시의 심경을 표현했습니다. 돌아보면 그때는 〈행복〉에 대해 생각할 수 있는 여유도 없었습니다. 필사의 각오로 새로운 환경에 적응해야 했고, 특히 두고 온 땅에 대한 회환과 그리운 친지들에 대한 보고픔이 나날이 커질 때라서 그 질문을 선입견으로 받아들였던 것 같습니다.

정착 15년이 된 지금, 똑같은 질문을 받는다면 그때와는 다를지 생각해 봅니다. 분명 제가 살아가는 환경은 과거 북한에서의 삶보다 좋습니다. 무엇보다 생명이 존중되고 자유가 보장되며 인간다운 삶을 영위할 수 있습니다. 대한민국 헌법 제10조 〈행복 추구권〉이 불안감을 느끼지 않고 살아가게 합니다. 행복한 정도를 만족, 기쁨, 즐거움, 가치감, 평온감, 보람, 웃음 등의 행복의 요소를 놓고 판단한다면 저는 분명 행복한 사람입니다.

그러나 항상 마음 한구석에 드리워진 그늘은 행복하다는 전제를 무색하게 합니다. 문득문득 고향 생각, 친지들 생각, 세 살, 다섯 살 아이들을 두고 눈도 못 감고 굶어 죽은 중학교 친구 생각으로 눈시울을 적십니다. 가슴 시린 아픔은 이곳의 삶 속에서도 매순간 함께였습니다. 엄마의 죽음을 아는지 모르는지, 먹을 것이 생겼다며 장례 음식 앞에서 해맑게 웃던 친구 아이들의 모습이 떠오를 때마다 아픈 기억으로 괴롭습니다. 그 애들은 지금 어떻게 살고 있을까? 살아는 있을까? 이런 생각은 늘 미안함과 빚진 마음으로 남아 있습니다.

치열했던 남한에서의 정착 8년을 보내고 현직에 임용되던 날, 왜 그렇게 눈물이 났던지. 조금은 내게도 여유가 생기지 않았을까 했던 기대는 무참히 깨졌습니다. 기쁨보다 먼저 부모님과 고향 생각, 일찍 유명을 달리한 친구 생각이 스쳐 갔습니다. 두고 온 고향은 그렇게 사무치는 그리움으로 남아 아픈 기억이 되었습니다.

몇 년 전 음력설을 며칠 앞둔 어느 날, 기숙형 탈북 대안 학교 학생들과 만나는 자리였습니다. 한국어보다 중국어가 유창한 아홉 살의 소녀는 〈음력설에는 집에 가서 좋겠네…… 맛있는 음식도 먹고……〉라는 저의 말에 〈갈 데가 없어요. 아빠 엄마도 없고 집도 없어요〉라고 대답하며 눈물이 꽉 찬 눈으로 울먹였습니다. 그런 아이를 꼭 안아 주며 함께 울었던 그 시간, 어린 나이에 이곳에 정착한 탈북 청소년들이 겪는 또 다른 아픔을 보았습니다. 가끔 자문해 봅니다. 〈나는 과연 이 아이들의 아픔을 얼마나 헤아리고 있는가?〉, 〈통일 미래인 이들에게 기성세대로서 나는 과연

무엇을 해주고 있는가?〉

　현재 남한에 입국한 19세 미만의 탈북 청소년은 4,988명으로 전체 북한 이탈 주민 입국자 3만 3,022명(통일부, 2019년 6월 기준) 중 약 15퍼센트에 해당합니다. 초중고에 재학 중인 탈북 학생은 2,805명(교육부, 2018년 6월 기준) 정도가 됩니다.

　이 책에는 이러한 탈북 청소년들의 삶과 그들과 생사고락을 함께하는 학부모, 선생님들의 경험담이 실려 있습니다. 북녘에 계시는 엄마, 아빠에게 쓴 편지부터 생사를 넘나드는 탈북 과정, 탈북민이라는 꼬리표가 주는 정체성 혼란, 편견과 차별을 극복해 가는 과정, 남한 친구의 배려와 사랑으로 행복을 찾아가는 모습, 통일 미래에 대한 꿈과 열정 등이 담겼습니다. 이 책은 먼저 온 통일인 우리 탈북 청소년들의 현주소를 보여 줄 것입니다.

　이 책을 통해 독자들이 〈지금 우리는 통일을 위해 무엇을 해야 할까?〉에 대한 답을 조금이나마 찾기 바랍니다. 아울러 탈북 청소년들을 지금보다 더 따뜻하게 사랑으로 보듬고, 통일의 든든한 버팀목으로 행복하게 성장할 수 있도록 응원하는 마음을 품을 수 있기 바랍니다. 우리의 탈북 청소년들, 그리고 통일된 한반도에서 함께 살아갈 이 땅의 모든 청소년들이 행복했으면 좋겠습니다.

북한산 자락 밑에서

통일교육원 교수 정은찬

차례

1장

탈북민으로 산다는 것

엄마, 아빠에게

한겨레고등학교 3학년 조보명

안녕하세요. 저 보명이에요.

고향을 떠나온 게 엊그제 같은데 벌써 6년이에요. 6년 만에 처음으로 부모님께 편지를 써보네요.

편지를 쓰다 보니 옛 생각이 나네요. 처음 부모님과 탈북을 준비하던 일……. 결국 저만 오게 되었지만요.

가끔 그런 생각을 해요. 〈다시 그때로 돌아가서 부모님과 계속 북한에 살지, 아니면 혼자라도 남한으로 가야 할지 선택해야 한다면 난 어떤 선택을 할까?〉

그때 혼자라도 남한으로 오겠다는 선택이 이렇게 부모님과 계속 떨어져야 하는 선택이라는 것을 알았다면 저는 어떤 선택을 했을까요? 어린 딸을 남한으로 보낼 때 엄마, 아빠의 마음은 어땠을까요?

어렸을 때는 엄마, 아빠의 빈자리가 너무너무 크게 느껴

졌어요. 특히 고모한테 혼이 날 때면 저를 생각하는 마음을 잘 알면서도 그렇게 서럽고 서운했어요. 그럴 때마다 엄마, 아빠가 너무 보고 싶었어요. 지금은 많이 무뎌졌어요. 하지만 이렇게 무뎌진 마음이 엄마, 아빠를 다시 만날 수 있다는 희망을 포기한 것 같아 당황스러워요. 친구들이 엄마와 싸운 이야기, 아빠한테 용돈 받은 이야기들을 무심코 할 때마다 저는 그저 친구들이 부럽기만 했어요.

아플 때는 또 왜 이리도 서러울까요? 괜히 친구들 앞에서 아무렇지도 않은 척, 강한 척해 보기도 하지만 마음 한 구석은 절대 그렇지가 않아요.

남쪽에서는 매화꽃 소식과 함께 봄이 조금씩 오고 있어요. 몸과 마음을 움츠러들게 했던 차가운 공기도 조금씩 풀리고 있어요. 남한과 북한도 차가웠던 공기가 풀리는 날이 올까요? 이번 평창올림픽에서 북한에서 온 응원단의 모습, 남북 여자 단일 하키팀의 모습을 보면서 이러한 기대감이 싹트게 되었어요. 이렇게 조금씩 조금씩 가까워지다 보면 언젠가 엄마, 아빠를 만나게 되는 날이 오지 않을까요?

언젠가 엄마, 아빠를 만나게 되면 자랑하고 싶어요. 제가 혼자서도 이렇게 씩씩하게 잘 컸다고, 힘들었지만 엄마, 아빠를 생각하면서 잘 견뎌 냈다고 당당하게 말하고 싶어요.

하지만 막상 엄마, 아빠를 만나면 아무 말도 못 하고 그냥 엉엉 눈물만 나겠죠?

하루빨리 이런 날이 올 거라 생각하고 앞으로도 계속해서 열심히 학교생활 할게요. 올해는 특히 고3이라 많이 막막하고 답답해요. 하지만 엄마, 아빠를 생각하며 앞으로도 열심히 할 테니 많이 응원해 주세요.

언젠가 다시 만날 날을 위해 항상 건강하세요.

큰딸 보명 올림

탈북민으로 살아간다는 것

한겨레고등학교 3학년 이예담

2009년 4월 초, 1년 전 사라졌던 엄마가 보낸 브로커가 찾아왔다. 그는 엄마의 소식을 전해 주며, 엄마가 우리와 직접 통화하고 싶다고 했다며 우리를 국경 연선인 혜산으로 데려갔다.

브로커의 집에서 며칠을 묵으며 엄마와 여러 번 통화했다. 처음에는 진짜 우리 엄마가 맞는지를 확인하는 통화였고, 두 번째는 중국으로 넘어와서 엄마와 함께 살자는 통화였다. 최종 목적지가 한국인지도 까맣게 모른 채 중국으로 떠날 준비를 했다.

4월 어느 날 밤, 우리를 강 건너로 데리려줄 브로커가 압록강 앞에서 기다리고 있었다. 우리는 브로커가 미리 준비해 둔 그물 바닥의 고무배를 타고 안전원들의 눈을 피해 움직였다. 중간에 내 발이 튜브 밖으로 빠져나가는 작은 사고

26

도 있었지만 다행히 무사히 강을 건넜다.

심양, 곤명은 버스로 이동했다. 이동 중에 공안이 신분증을 검사하는 위험한 상황도 몇 번 마주했다. 그럴 때마다 벙어리 흉내를 내거나 화장실에 숨어 있었다. 어린 내가 느끼기에도 아주 위험해 보였다. 곤명에 도착하자 날이 어두워졌다. 2시간 정도 눈을 붙였다. 새벽이 되자 브로커가 우리를 인근 산으로 데리고 갔다. 아무것도 모른 채 그를 따라 6시간 넘게 산을 걸을 수밖에 없었다.

라오스에 무사히 도착한 후, 밤중에 산을 걸은 이유를 알게 되었다. 곤명에서 라오스까지 가는 길에는 작은 소수 민족 국가가 있었는데, 그곳을 지나가기 위해서는 신분증이 필요했다. 우리는 신분증이 없었기 때문에 어두운 새벽을 틈타 산을 걸을 수밖에 없었던 것이다.

그 후 라오스에서 3개월을 보내고, 드디어 한국으로 향하는 비행기를 탔다. 우리는 인천공항에 도착했고 곧바로 국정원으로 보내졌다. 2개월 동안 철저하게 조사를 받고 다시 하나원으로 이동했다. 하나원에서는 3개월을 보냈고, 그곳에서 한국 사회에 대해 공부하고 적응할 수 있는 교육을 받았다. 그렇게 목숨을 몇 번이고 위협받는 과정들을 거쳐 드디어 엄마를 만나게 되었다.

하지만 한국에서 탈북민으로 살아간다는 것은 그렇게 호락호락하지 않았다.

엄마의 이야기를 듣자면, 엄마는 2007년에 탈북했고 나보다 더 험난한 과정을 거쳐 한국에 올 수 있었다. 엄마는 그 누구도 믿을 수 없었고 의지할 사람도 없었다. 하나원에서 나올 때 정착 지원금을 받았는데, 엄마는 우리에게 연락하기 위해 그 지원금을 다 써버렸다. 엄마의 수중에는 3만 원밖에 없었다.

빨리 일을 해야겠다는 생각에 엄마는 담당 경찰관에게 사정을 이야기했고, 일자리를 구하는 것을 도와 달라고 부탁했다. 경찰관은 한 사람을 소개해 주었다. 그 사람의 소개로 작은 공장에서 숙식을 제공받으며 일을 할 수 있었다. 하루에 5시간만 자며 밤낮없이 3개월을 일했고, 200만 원이 조금 안 되는 돈을 받고 집으로 돌아갔다. 그 상황에서 엄마는 그저 고마워서 어쩔 줄 몰라 했다고 한다. 나중에 알고 보니 엄마는 사기를 당한 것이었다. 하루에 15시간 이상, 주말도 없이 그저 일만 했음에도 불구하고 엄마가 받은 3개월치 월급은 200만 원이 채 안 되었다. 아무것도 몰랐기에 그저 당할 수밖에 없었고 자신이 그런 부당한 대우를 당한 것에 대해 인지하지도 못했다. 우리 엄마뿐 아니라 한국에 온 지 얼마 안 되는 사람들을 상대로 노동을 착취하고 그들을 이용하는 사람들 때문에 아무것도 모르고 피해를 보는 사람들이 꽤 있었다.

이런 이야기를 들으면서 나는 절대로 당하지 않겠다고 다짐을 했다.

하나원에서 나왔을 때가 2010년 1월이었다. 학교에 가려고 준비했는데 그때는 초등학교가 방학 중이었다. 그렇게 2개월을 집에서 엄마와 공부를 하며 지냈다. 3월 새 학기가 되고 나는 집 근처 초등학교 3학년에 입학했다.

새로운 곳에서 첫 시작인 만큼 기대 반 걱정 반으로 배정받은 반에 갔다. 선생님께서 간단하게 나를 소개하고 앞으로 부르셨다. 나는 당차게 자기소개를 했다. 그러자 반 친구들이 너 나 할 것 없이 웃었다. 나는 왜 웃는지 이유를 알 수 없었다. 자리로 들어가자 옆자리 친구가 〈너 말투 진짜 웃긴다. 어디 사투리야?〉라며 놀리는 말투로 물었다. 나는 당황해서 아무 말도 할 수 없었다. 나도 모르게 내가 그들과 출신과 억양이 다르다는 사실이 크게 와닿았고 갑자기 내 출신과 억양이 부끄러웠다. 어느 순간 자연스럽게 나에 대해 숨기게 되었고, 나를 부정하게 되었다. 그들과 같아지려고 애쓰는 내 모습이 보이자 스스로에게 깊은 회의감이

들었다. 나를 움츠러들게 하는 출신과 억양을 버리려고 필사적으로 노력했다.

초등학교 4학년, 집이 이사하면서 새로운 학교로 전학했다. 3학년 시절 첫 짝꿍의 말과 친구들의 비웃는 표정이 상처로 남아 있었다. 그래서 이번에는 그때와 같은 비웃음을 당하지 않으려고 철저하게 과거를 숨겼다.

하나 더 걱정이었던 부분은 내가 또래 친구들보다 나이가 한 살 많았다는 것이다. 나는 항상 떳떳하지 못한 채로 살아야 했다. 그렇게 거짓말을 해가며 그 아이들과 어울려 지냈다. 설문 조사에서 생년월일을 쓸 때는 아무도 모르게 맨 뒷자리에서 쓰고, 친구들이 모두 제출한 뒤에야 맨 뒤에 끼워서 제출했다. 또 아이들끼리 어디가 고향이고 어느 산부인과에서 태어났다는 말을 할 때면 혼자 조용히 웃었고, 친구의 질문에는 대충 얼버무리며 대답했다. 괜찮은 척하면서 지냈지만 하나도 괜찮지 않았다.

나는 스스로에게 〈왜 나는 출신에 대해 부끄러워하는지, 움츠러들고 피하려고 하는지〉 끊임없이 질문을 던졌다. 하지만 그 질문에 대한 해답은 나오지 않았다.

어느 날 우리 반에 전학생이 한 명 왔다. 북한에서 온 친구였다. 억양과 옷 스타일에서 그 친구가 북한에서 왔음을 짐작할 수 있었다. 나는 먼저 다가가서 〈너 북한에서 왔지?〉라고 말을 걸었다. 그 친구는 당황해하며 〈아니야, 나 북한 사람 아니야〉라며 나에게 화를 냈다. 그 순간 한국에 온 지 얼마 되지 않았을 때의 내 모습이 보여서 안쓰러웠다. 그래서 〈나도 북한에서 왔어〉라고 말하고 그 친구를 안심시켰다.

나만 이 친구가 북한에서 온 것을 안 것은 아니었다. 반 친구들 몇 명과 이야기할 때 그 친구에 관한 이야기가 나왔고, 그 아이가 북한에서 온 것이 틀림없다고 몇몇이 확신하며 이야기했다.

그 아이들은 북한에서 왔다는 이유 하나만으로 그 친구를 알아 가보려고 하지도 않았다. 그 친구를 소외시키고 그 아이에 관해 험담했다. 보다 못해 내가 나서서 그들을 말렸다. 그때 그 친구가 자신만 당하는 것이 억울하고 힘들었는지 〈예담이도 북한에서 왔어〉라고 말해 버렸다.

그때부터 모두의 관심은 나에게로 쏠렸고, 그 소문은 순식간에 다른 반 친구들에게도 퍼졌다. 복도를 나가면 지나가는 아이마다 〈너 정말 북한에서 왔어?〉라고 물어보았고 몇몇 잘나가는 아이들은 놀리기도 했다. 내가 북한에서 왔다는 소문이 퍼지기 시작하자 나와 인사하며 잘 지냈던 아이들이 거리를 두기 시작했고, 뒤에서 수군거렸다. 내가 북한에서 왔다는 사실은 그들에게 전에 없던 선입견을 심어 주었다.

한국 사회에서 탈북민, 탈북 청소년으로 살아간다는 것은 보이지 않는 벽들과 싸우는 일이다. 그 벽들 중 가장 높고 단단한 벽은 선입견이다. 부수려고 주먹질할 때마다 오히려 내 손이 상처를 입는다. 그런 선입견을 이겨 내고 바꿔 보려고 시도했지만 그럴수록 나는 상처받았고, 더욱 깊은 회의감에 빠져들었다.

내가 한국 사회에서 탈북민으로 살아가면서 느끼는 점은 아직 이곳에는 우리가 설 자리가 없다는 것이다. 그렇기 때문에 이 상태로 통일이 되어도 하나의 완벽한 한반도를 이루지 못할 것이다. 서로의 존재를 인정하고 받아들이는 일이 이런 문제점들을 해결하기 위한 첫걸음이라고 생각한다.

너무 그리웠던 엄마의 품으로

한겨레고등학교 3학년 김윤성

안녕하세요. 저는 한겨레고등학교 3학년에 재학 중인 김윤성입니다. 저는 중국에서 태어난 제3국 출신입니다.

엄마는 북한에서의 생활이 어려워 도망치듯이 탈북을 했습니다. 하지만 중국에 도착하자마자 저의 아버지에게 거의 팔려가다시피 시집을 갔고, 어린 나이에 저를 낳았습니다.

그렇게 중국에서의 엄마의 삶은 시작되었고, 저를 어린 나이에 낳으신 엄마는 모든 것이 서툴렀습니다. 탈북민이었던 엄마는 중국에서 신분증도 없이 지내며 일자리도 못 구했습니다. 아버지 혼자서 돈벌이를 하며 생계를 이어 나갔습니다. 하지만 세 식구의 생계를 유지하기엔 아버지 혼자의 힘으로는 턱없이 부족했습니다.

그래서 엄마는 아버지와 이혼하고 혼자 북경으로 떠났

습니다. 그때 저는 제 앞에서는 항상 강인한 모습만 보여주시던 아버지의 눈물을 보았습니다. 그때 저는 꼭 성공해서 효도하자고 결심했습니다.

그렇게 엄마가 떠난 후 저와 아버지는 이곳저곳 이사를 다니면서 힘겹지만 즐겁고 행복하게 하루하루를 살아갔습니다. 중간에 아버지가 돈을 벌러 한국에 갔다 오시기도 했지만 그건 중요하지 않았습니다. 아버지와 저는 세상에 둘도 없는 〈친구〉였기 때문입니다. 그렇게 초등학교 6학년을 졸업할 때쯤, 한국에 정착한 엄마한테서 한국에 와서 엄마랑 같이 살자는 전화가 왔습니다. 엄마는 북경에서 일하시다가 더 좋은 환경을 찾기 위해 한국으로 가서 생계를 유지하고 계신 것 같았습니다.

그동안 엄마라는 존재가 고팠지만 티를 내면 아버지가 힘들어하실 것 같아서 아무렇지 않은 척했습니다. 전화를 마치고 난 그날 저녁, 저는 펑펑 울었습니다. 그동안 너무 듣고 싶었던 엄마의 목소리를 들었고, 너무 그리웠던 엄마의 품으로 돌아갈 수 있다는 생각에 그동안의 설움이 폭발했기 때문입니다. 그렇게 저는 중국에서 초등학교 6학년을 졸업하고 어렵게 한국에 도착했습니다.

한국에서 탈북민의 자녀, 제3국 출신으로 살아가는 것은 제가 생각한 것보다 힘들었습니다. 저는 제3국 출신이라 하나원을 거치지 않았습니다. 엄마가 한국에서 재혼한 새아버지의 가족으로 들어가 한국 국적을 얻고, 한국 사회에서 살게 되었습니다. 처음 6개월간은 그동안 하나도 몰랐던 한국에 대해 알기 위해 한국어와 한국 문화를 공부하며 적응했습니다. 그 후 대전에서 중학교 1학년으로 입학하게 되었습니다.

처음에는 제가 탈북민의 자녀라는 사실을 학교에 밝히지 않았습니다. 공부에서는 수학은 중국에서 배웠기 때문에 따라가는 것이 어렵지 않았습니다. 하지만 국어, 영어, 역사는 따라가기가 너무 어려워 학교가 끝난 뒤 학원에 다니며 뒤처지지 않기 위해 많은 노력을 했습니다. 그러던 중 제가 숨겨 왔던 탈북민의 자녀라는 사실이 학교에 알려지게 되었습니다. 그런데 반응은 의외였습니다. 친구들의 첫 반응은 〈관심〉이었습니다. 〈어떻게 살았니?〉, 〈중국어를 해줄 수 있니?〉 등등. 저는 한순간에 원하지 않던 관심을 한몸에 받게 되었습니다.

하지만 처음의 좋았던 관심의 시간은 점점 부정적인 시선으로 바뀌었습니다. 뉴스에서 간혹 나오는 〈조선족 살인〉, 〈조선족 방화〉 등의 내용을 본 아이들이 저에게 그 모든 화살을 돌리기 시작했습니다. 〈중국으로 돌아가라〉, 〈조선족 자식〉 등의 말로 저를 힘들게 하는 상황이 발생했습니다. 그때마다 저는 마음에 심한 상처를 받았고 슬펐습니다. 그나마 저를 버티게 해줬던 것은 주위에 있던 몇 명의 친구들이었습니다. 하지만 저를 부정적으로 바라보는 아이들이 너무 많다 보니 주위의 친구들도 저를 섣불리 도와주지 못했습니다.

중학교 2학년이 되고 새로운 아이들을 만나면서 상황이 다시 좋아지는 듯했습니다. 하지만 결국 다시 원점으로 돌아왔고, 그때까지 엄마한테 말씀드리지 않았던 이 상황을 말씀드렸습니다. 엄마도 심각하게 고민하셨고 그러다가 알게 된 새터민 학교인 한겨레중학교에 입학하게 되었습니다. 같은 환경에서 자란 학생들이 있는 곳이라 해도 그동안의 경험 때문에 걱정이 되었지만, 막상 학교에 와보니 같은 아픔이 있던 학생들이 서로의 아픔을 보듬어 주는 경험을 하게 되었습니다. 그러한 생활이 저에게는 너무 좋았고, 중학교를 졸업하고 한겨레고등학교로 진학할 생각까지 하게 되었습니다.

현재 저는 한겨레고등학교 3학년에 다니고 있고, 한국외

대에 진학할 생각으로 준비하고 있습니다. 열심히 노력해서 꼭 성공하겠다는 생각을 가지고 있습니다. 꼭 성공해서 저를 바라보는 편견 어린 시선을 없애고 싶습니다. 엄마는 늘 당당하고 사교적인 성격을 갖고 계시고 외부에서 활동하실 때도 당당하게 탈북민이라고 밝히십니다. 하지만 반응은 둘로 나뉜다고 합니다. 편견 없이 바라보는 소수의 사람과, 어떤 상황이 일어났을 때 그 일을 전부 탈북자 탓으로 돌리는 사람들. 저와 다르게 당당한 어머니 또한 이러한 시선을 겪는데, 저는 더욱 노력하여 이러한 시선을 당당히 극복할 수 있는 사람이 되고 싶습니다.

내 고향은 인천이었다

용현여자중학교 3학년 이새별

한 살 때, 나는 고향 땅에서 돌도 쇠지 못하고 대한민국에 왔다. 엄마 등에 업혀 중국과 태국을 거쳐 왔다고 한다. 지금은 내가 북한에서 태어났고 부모님을 따라 아기 때 남한에 온 것을 알지만, 초등학교 2학년 때까지는 북한에 대하여 전혀 몰랐다.

초등학교 1학년 때, 친구들이 방학 동안에 할머니 집에 놀러 갔다 왔다고 자랑하길래 나도 엄마한테 할머니네 집이 어디냐고 물어봤다. 잠깐 생각하시던 엄마는 할아버지 할머니가 일찍 돌아가셔서 외갓집이 없다고 대답하셨다. 그러고는 〈너의 고향은 인천이야〉라며 내가 물어보지도 않은 대답을 해주셨다. 이후로도 엄마는 종종 〈너는 인천에서 태어났다〉라고 얘기해 주셨다. 그때는 엄마가 왜 자꾸 고향이 어디라고 말해 주시는지 몰랐다.

초등학교 3학년이 되던 어느 날, 담임선생님이 같은 학급에 있는 예지라는 친구와 같이 어디 놀러 가자고 하셨다. 나는 〈왜 많은 친구들이 있는데 우리 둘만 같이 가자고 하시지?〉 하고 생각하면서 그냥 선생님 뒤를 따라갔다. 그리고 거기서 엄마가 왜 내 고향이 인천이라고 했는지, 담임선생님이 왜 수많은 학생들 중 나와 예지만 가자고 그랬는지 알게 되었다.

담임선생님과 예지랑 같이 놀이 기구도 타고 맛있는 음식을 먹으면서도 그냥 재밌게 놀고 있었는데 아이스크림을 사주시던 담임선생님이 갑자기 물으셨다.

「새별이는 아주 아기 때 어머니 등에 업혀 두만강을 건넜으니 무서운 것도 몰랐겠구나?」

「네? 두만강이요? 무슨 두만강이요?」

나는 담임선생님이 무슨 말씀을 하시는지 이해를 못 했다. 담임선생님도 당황해하시더니 〈아니야. 내가 잘못 말했어〉라고 다른 얘기를 하셨다.

활동을 마치고 집에 돌아온 나는 곧바로 어머니에게 물어봤다.

「엄마 내가 왜 아기 때 엄마 등에 업혀 두만강을 건넜어? 두만강은 어디 있는데?」

순간 엄마도 당황해하시면서 무슨 소리냐고 물었다. 나는 낮에 있었던 일을 그대로 말씀드렸다.

한참 생각하시던 엄마가 설명해 주셨다.

결국 나는 그날에야 내 고향은 북한이며, 아주 아기 때 엄마의 등에 업혀 탈북을 했고 대한민국 땅에 왔다는 것을 알게 되었다.

후에 안 일이지만 엄마는 그 일로 담임선생님께 새별이는 아무것도 모르는데 왜 아기 때 두만강을 건넌 얘기를 했느냐며 엄청 섭섭한 말씀을 하셨다고 한다. 그래서 엄마가 내가 북한에서 왔다는 것을 티 내지 않으려고 고향이 인천이라고 자꾸 얘기하셨다는 것을 알게 되었다.

사람들은 나를 보고 아주 어렸을 때 떠나왔기 때문에 아무 티도 안 나고 대한민국에서 태어난 것이나 같다고 말한다. 그런데 늘 내 마음속에서는 부모님과 나의 고향은 북한이라는 생각이 떠나지 않는다.

엄마의 관심 속에서 다른 아이들과 별 차이 없이 학교 공부를 하고 있지만 그래도 힘든 것이 있다. 공부는 그럭저럭하고 있지만 학년이 바뀔 때마다 친구가 달라지는 것이다. 나는 좀 소심한 성격이라 담임선생님으로부터 늘 자신감이 없다고 지적을 받는다. 그러고 싶지 않은데 자꾸 내 고향이 북한이라는 생각에 소심해진다.

엄마는 학년 초마다 물어본다.

「오늘은 누구랑 놀았니? 새로 사귄 친구는 없니? 네가 먼저 다가가라.」

다른 엄마들은 〈오늘 공부 잘했니? 성적이 얼마나 올랐니?〉라고 물어본다는데, 우리 엄마는 친구 사귀기 힘들어하는 나 때문에 친구 문제가 제일 걱정인 것 같다.

엄마 말로는 북한은 졸업할 때까지 학급도 바뀌지 않고 담임선생님도 그대로라고 한다. 〈좋겠다〉라고 나는 늘 생각했다. 친구가 생기면 또 학년이 바뀌고, 담임선생님도 정이 들면 또 바뀐다. 자꾸 바뀌는 게 너무너무 싫다.

엄마는 매일 잔소리하신다. 친구 사귀는 걸 어렵게 생각하지 말고 네가 먼저 다가가라고……. 먼저 다가가기 쉬운 줄 아나 보다. 너무너무 힘든데. 친구와 담임선생님이 바뀌는 것이 좀 2년에 한 번씩만이라도 됐으면 좋겠다.

고등학교에 가면 또 친구를 사귀어야 하겠지? 힘들다…… 힘들어.

그러나 엄마 말씀처럼 이겨 내야지 결심하면서 자신감 있게 생활해 보려고 한다.

참지 않기로 했다

한겨레고등학교 2학년 송지아

저는 한국 사람입니다. 2009년에 두만강을 건너 2010년 10월부터 한국에 정착해 살고 있습니다. 이제 한국 생활 9년이 다 된 저에게서 더 이상 북한 사람의 흔적은 찾을 수 없습니다.

초등학교 4년, 중학교 3년, 지금 고등학교 2학년까지 한국인들과 지내면서 힘들지 않았던 것은 아닙니다. 처음 초등학교 2학년 교실로 들어가기 전, 담임선생님이 제가 북한에서 온 사실을 친구들에게 사실대로 말할 생각이냐고 물어봤습니다. 그때 저는 아무것도 모르고 솔직하게 말하고 싶다고 했습니다. 교실에 들어가서 친구들에게 그 사실을 밝혔을 때 친구들의 반응은 매우 당황스러웠습니다.

신기해서 다가오는 친구들도 있었고, 처음부터 좋지 않은 시선으로 바라보는 친구들도 있었습니다. 신기해서 다가오는 친구들은 북한 생활은 어땠는지, 북한의 문화에는 어떤 것들이 있는지, 제가 왜 북한 말투를 사용하지 않는지 등등 저에게 궁금한 것들을 한꺼번에 물어봤습니다. 또 좋지 않은 시선으로 바라보는 친구들은 저를 욕하며 멀리했습니다. 또 다른 학년에서도 저를 신기해하며 구경 오는 경우가 많았습니다. 어린 저에게는 그런 상황들이 매우 두렵고 무서웠습니다.

그렇게 1년이 지나고, 친구들의 기억에서 제가 북한에서 왔다는 사실도 천천히 잊혔습니다. 그때쯤에는 친구들도 많이 사귀고, 자연스럽게 중학교에 입학했습니다. 중학교에 입학해서 새로운 환경에 놓이면서 저는 다시 두렵고 무서웠습니다. 새로운 친구들과 만나면서 그 친구들이 저에 대해 알고 다가와 〈진짜 북한 사람이야? 북한에서 왔어?〉라며 물어보면, 저는 다른 얘기로 화제를 옮기며 상황을 피하려 했습니다.

그러던 어느 날 중학교에서 사귄 친구가 〈너 진짜 북한에서 왔어?〉라고 물었습니다. 저는 한순간 〈혹시 사실대로 말하면 날 싫어하지 않을까?〉 하고 생각했습니다. 또다시 관심이 집중되고, 날 싫어하는 친구들이 생길까 봐 어린 마음에 〈아니〉라고 대답해 버렸습니다. 그 뒤로 그 친구는 저에게 절교하자고 얘기했고, 그렇게 어리석은 거짓말 때문에 저는 친구를 잃었습니다.

하지만 그 친구는 여기서 끝내지 않았습니다. 중학교 친구들에게 저에 관해 온갖 욕설을 하고 거짓 소문을 퍼뜨리기 시작했고, 주변 친구들을 하나둘씩 떠나가게 만들었습니다. 그리고 제 앞에서도 욕을 하고, 제 손이 닿았다는 이유만으로 친구의 머리빗을 빼앗아 더럽다면서 쓰레기통에 던져 버렸습니다.

저는 제 잘못을 알고 있었기에 그 친구에게 가서 직접 사과도 하고 울기도 많이 울었습니다. 하지만 그 친구의 괴롭힘은 나날이 더해 갔습니다. 그러던 어느 날, 학교 수업을 마치고 하교하는 길에 그 친구는 무리를 지어 저를 불러 세웠습니다. 그러고는 저에게 입에 담기도 힘든 욕설과 〈북한에서 왜 왔느냐, 엄마가 있는 곳으로 가라, 정신에 문제 있냐〉 등등 심한 말을 했습니다. 저는 그 친구들 앞에서 울지 않으려고 입술을 깨물며 그 시간을 버텼습니다. 그 친구들이 떠나간 뒤에야 저는 아파트 옥상에서 소리 내어 울었습니다. 〈거짓말한 건 잘못이지만 이정도로 괴롭힘을 당해야 하나〉 하고 많은 생각을 했습니다. 그 뒤로도 그 친구들의 괴롭힘은 계속되었습니다.

그러던 어느 날, 저녁에 심부름을 가는데 친구에게서 전화가 왔습니다. 〈혹시 너 카톡 봤어? 너 절대 카톡 보지마.〉 친구의 목소리에는 당황함이 가득했습니다. 나는 알겠다고 하고 친구를 진정시키고 바로 카톡을 확인해 보았습니다.

카톡을 켜자마자 친구들의 걱정스러운 문자가 가득했습니다. 이유는 그 친구가 카톡 상태 메세지, 배경화면, 프로필 사진에 온갖 저의 욕설로 도배해 놨기 때문입니다.

부모님 욕에서부터 북한으로 다시 돌아가라고, 정신병자냐고 공개적으로 저를 욕했습니다. 저는 눈물만 났습니다. 그리고 다시는 참지 않기로 했습니다. 참을 수가 없었습니다. 그래서 저는 그 카톡을 사진으로 찍어서 다음 날바로 학교 선도위원회 선생님께 알려드렸습니다. 사진과 함께 보여드렸더니 선생님은 지금까지 마음고생했다며 다독여 주었습니다. 그렇게 그 친구는 선도위에 올라가게 되었습니다.

처음에 그 친구는 제가 선도위에 올렸다는 사실을 알고 더 많이 욕하며 저를 미워했습니다. 그리고 선생님께서 각자 불러서 사실을 말하라고 할 때 거짓말을 하며 저에게 모든 잘못을 떠넘겼습니다. 그런데 그 친구의 친구 중에 모든 사실을 아는 친구가 저의 편을 들어 주었습니다.

선도위가 열리던 날, 아침까지 당당하던 친구는 오후에 부모님들이 오시고 선도위가 시작되자 선생님들 앞에서 울기 시작했습니다. 울면서 자기가 잘못했다고 저에게 사과하겠다고 했습니다. 선도위가 끝나고 그 친구는 부모님과 함께 제게 와서 미안하다며, 그렇게 상처받을 줄 몰랐다면서 사과했습니다. 저는 그 친구에게서 진심이 느껴지지 않았습니다. 그 친구의 부모님도 자신이 자식을 잘못 키웠다면서 사과했습니다. 저는 아무 말도 못 하고 자리를 피했습니다.

다음 날 등교를 했고, 같은 반이었던 그 친구는 예전처럼 똑같이 저를 무시하며 평소처럼 잘 지냈습니다. 그렇게 길었던 1년이 지나가고 새로운 친구들을 사귀면서 무사히 중학교를 졸업할 수 있었습니다. 중학교를 졸업하고 현재 한겨레고등학교에 다니면서 나와 같은 북한 친구들과 함께 지내고 있습니다.

지금은 어떤 곳에 가도 사람들은 제가 북한에서 온 것을 모릅니다. 왜냐하면 그들과 다를 바가 없기 때문입니다. 같은 모습을 하고 같은 생각을 하고 비슷한 가치관을 가지고 있습니다. 그들과 다를 것이 없는 저는 한국 사람입니다.

많은 사람들이 북한에서 왔다고 하면 북한 말투를 쓰고, 북한 사상을 가지고 있고, 보수적이라고 생각합니다. 하지만 이미 많은 북한 사람들이 우리 주변에 살고 있습니다. 우리가 느끼지 못할 만큼 자연스러울 뿐입니다.

하루라도 빨리 통일이 오려면 서로를 이해하고 인정하여 가까워져야 한다고 생각합니다. 감사합니다.

대통령에게 가서

한겨레중학교 3학년 김민서

나는 탈북을 했다. 벌써 10년이 지났다. 10년이라는 시간은 나에게 가슴에 박히는 비수의 시간이었다. 나는 초등학생 때 처음 알았다. 탈북민은 특별하다는 것을. 나는 탈북민이란 행복하다고 어리석은 생각을 했다. 그렇게 어리석은 생각을 하는 동안 시간은 흘러갔다. 어느 날 어머니께서 할머니, 할아버지, 고모, 삼촌, 이모, 누나 등등이 아직 북한에 있다고 알려 주셨다. 나는 그런가 보다 하고 흘려들었다.

그러던 어느 날 새벽, 어머니의 쓸쓸한 뒷모습이 보였다. 어머니의 얼굴은 너무 지치고 힘들어 보였다. 나는 무슨 일이 있는지 걱정이 돼서 어머니께 다가갔다. 어머니는 말씀하셨다. 「한국에 오지 말걸.」 혼자 끙끙 아프고 힘든 것을 참고 계셨다. 〈나는 행복하고 좋은데 왜 싫다고 말씀하실

48

까?〉하고 생각했다.

어느 날 친구 한 명이 나에게 말했다.「너 탈북자냐?」나는 아무 생각 없이 〈어 맞아〉라고 대답했다. 그날 이후, 친구들이 하나둘씩 나를 멀리했다. 나는 친구에게 왜 그러느냐고 이유를 물어보았다. 그 친구가 말했다.「너는 탈북자야. 우리의 적이라고.」나는 어린 나이에 상처를 받았다. 그렇게 친구가 하나둘 사라지며 3년의 시간이 흘렀다.

음악 시간이었다. 나는 노래에 아무 재능이 없었다. 선생님이 〈북한 사람은 원래 노래를 못 해〉라고 꾸중하셨다. 그 뒤에 나는 생각했다. 다시 태어나고 싶다고. 그 뒤로 나는 북한 사람이라고 절대로 말하지 않겠다고 결심했다. 한번은 전학 갈까 하고 생각했다. 내가 탈북민으로 살아가며 느끼는 것들이 너무 치욕스러웠다. 나는 항상 생각했다. 부모 형제 가족들은 지금 얼마나 힘들까? 차라리 다시 북한으로 넘어가고 싶었다. 대통령에게 가서 북한에 보내 달라고 하고 싶었다. 그때부터 내가 생각하는 한국 사회는 정말 이기적인 곳이었다. 나는 한국 사람이 싫었다.

어린 나도 이렇게 한국 사회에서 차별을 느끼고 힘든데 어른들은 오죽할까 싶다. 이러한 상황을 해결하기 위해서는 많은 대화가 필요하다고 생각한다. 아직 북한과 한국은 많은 대화를 하지 못하고 있다.

TV 프로그램 「이제 만나러 갑니다」에서는 탈북과 북송 과정에서 몇 차례의 죽을 고비를 넘긴 탈북자들을 만나서 그들의 이야기를 전해 준다. 북한 사회를 잘 모르는 남한 사람들에게 북한에 대해 알려 주는 측면이 있기는 하지만 탈북자의 입장에서 보면 다소 과장된 면이 있기도 하다. 이 것은 자칫 오해를 불러오고 한국인들은 방송을 보고 북한 을 이상하게 해석할 수도 있다. 그 프로그램도 북한의 변화 된 현실을 재조명한다면 많은 국민들의 생각이 바뀔 것이 라고 생각한다.

또한 통일이 된다면 북한에 막혀서 섬나라 같던 우리나 라의 육로가 개방될 수 있다. 중국, 러시아, 인도, 런던 등 이 육로상으로 이동이 가능하다면 거기서 발생할 수 있는 경제적 이익은 막대하다고 생각한다. 그동안 엄청난 운송 비 때문에 상품화하지 못했던 상품들이 쏟아져 들어오고 생산량이 늘어날 수 있다. 그만큼 일자리 창출이 늘어나 실 업률도 줄어들 수 있다. 그리고 석유나 가스 등의 자원을 러시아 또는 중국에서 송유관을 통해 공급받을 수 있다면 경쟁 국가와 가격 경쟁에서도 엄청난 이익이 발생한다.

외교적인 측면에서도, 국경 개방을 통한 외교 정책은 지금까지와는 차원이 다른 친밀한 국가 관계를 유지할 수 있다고 생각한다. 나도 하루빨리 통일이 되어 얼른 가족들을 만나고 싶다.

외국인보다도 낯선 존재

여명학교 이봄

같은 한반도에서 같은 언어를 쓰며 살아가지만, 우리는 아직도 남한 사람들에게 외국인보다도 더 낯선 존재들인 것 같다. 대부분 북한에서 왔다고 하면 놀라는 표정을 숨기지 못한다. 그런 모습들을 보며 나도 놀란다. 괜히 말했나 싶기도 하고 북한에서 온 게 잘못됐나 싶기도 하다. 나는 그냥 북한에서 태어난 것뿐인데 어디서부터 잘못된 걸까.

나는 초등학교 때 한국에 왔다. 오자마자 한국의 친구들을 따라잡으려고 학원에 다니고, 한 번쯤은 누구나 다녀 본다는 태권도 학원과 피아노 학원까지 다녔다. 부모님은 학원비를 감당하느라 힘들어하셨다. 그런 모습을 보며 나는 열심히 하고 싶었지만 모든 게 마음처럼 되지 않았다. 공부는 처음 배워 보는 내용들도 문제였지만, 선생님이 무슨 말씀을 하시는지부터 이해하지 못했다. 짜증이 나고 지루하다 못해 다 그만두고 싶을 지경이었다. 이런 몸과 마음을 이끌고 다른 학원으로 가기는 더욱 싫었다.

나는 부모님께 학원을 그만두고 싶다고 의견을 밝혔다. 그러자 부모님은 〈한국의 사는 남한 아이들은 다 이렇게 살아! 북한에서 힘들게 데려왔는데 이 정도도 못 해?〉라고 말씀하셨다. 부모님이 원망스러웠다. 〈누가 한국에 가겠다고 했냐고!〉

이런 생각들이 나의 머릿속에서 맴돌았지만, 그렇다고 해서 달라지는 것은 없다는 사실을 깨달았다. 다시 북한으로 되돌아갈 수도 없었다. 나는 어떻게든 한국에서 살아야 하는 것이었다.

그렇게 나는 북한 이탈 주민이라는 사실을 숨기고 한국에서 태어난 아이처럼 자랐다. 탈북민으로 살아간다는 것은 어쩌면 평범하게 살아가려고 노력하는 일 같다. 절대 평범할 리 없는 삶을 붙들고.

당당하게 말하고 싶다

동방중학교 2학년 한우형

나는 북한에서 초등학교 2학년 때 아버지를 따라 대한민국에 입국했다. 북한을 떠나 중국을 거쳐 하나원에서 학교를 다녔다.

내가 사는 인천까지 오는 데는 거의 반년이 걸렸다. 처음에는 대한민국에 가는 줄도 모르고 그냥 아버지가 어디 갔다 오자고 해서 떠났다. 그런데 강을 건너 중국 땅에 도착해서야 다시는 북한에 못 간다고 아버지가 말씀하셨다. 너무 놀랐고 슬펐다. 다시는 할머니도, 친구들도 못 본다는 사실이 슬펐고, 인사도 못 하고 떠나게 한 아버지가 미웠다. 후에 아버지의 노력으로 할머니도 남한에 오셨다. 중학생이 된 지금은 왜 아버지가 그랬는지 알 수 있었다.

초등학교 때 우리 학교에는 북한에서 교사 일을 하던 선생님이 계셨다. 선생님은 1년에 한 번씩 북한과 통일에 대하여 교육하셨다. 그 선생님을 통하여 북한을 탈출하는 것이 얼마나 무섭고 힘든 일이며, 또 붙잡히면 어떤 고통을 겪는지 알게 되었다.

지금도 그날이 생각난다. 내가 우리 학교에 전학 온 다음해 봄, 그 선생님은 창체(창의적 체험 활동) 시간에 들어와 북한에서 왔다고 자신을 소개하면서 북한에 대하여, 통일에 대하여 알려 주셨다. 나는 손을 번쩍 들고 선생님께 〈저도 북한에서 왔어요〉 하고 말했다.

그때 선생님은 〈그렇구나〉 하고는 아무 말씀 없이 황급히 다른 설명을 이어 갔다. 지금 생각해 보니 내가 북한에서 왔다는 사실을 당당하게 얘기하니까 당황하신 것 같다. 보통 주변 친구들도 자신이 북한이나 중국에서 왔다는 것을 알리려고 하지 않는다. 내가 다니던 초등학교에서도 본인이 말하기 전에는 누구의 고향이 북한인지 중국인지 알수 없다.

그러나 나는 다르게 생각한다. 내가 북한에서 태어난 것이 무슨 잘못도 아닌데 왜 숨기고 살아야 하나? 당당하게 밝히면 더 마음이 편할 텐데, 어느 때 가서 밝혀지면 뭐라고 해야 하나?

어느 날 북한에서 오신 그 선생님이 나를 부르셨다. 친구

들 앞에서 북한에서 왔다고 말한 것을 후회하지 않는가, 수업이 끝난 후 친구들이 뭐라고 했는가, 부모님은 밝히라고 허락하셨는가 등등. 아무래도 선생님은 북한에 대한 학생들의 인식이 안 좋아서 나를 왕따라도 시키지 않을까 걱정인 것 같았다.

그러나 나는 선생님에게 당당하게 말씀드렸다. 중학교에 가든 고등학교에 가든, 언제인가 내가 북한에서 왔다는 사실이 밝혀지면 친구들이 속였다고 나를 더 안 좋게 생각할 것 같다고 말했다. 고향이 북한인 것이 죄가 아니기 때문에 앞으로도 숨기지 않겠다고 말했다. 후에 나는 내가 그때 밝히기 잘했다고 생각했다. 왜냐하면 TV 프로그램에 나가게 되었는데 거기 나가서도 북한에서 왔다는 것을 밝혔기 때문이다. 만약 내가 미리 말하지 않았으면 친구들이 배신감을 느꼈을 것 같다.

부모님은 늘 말씀하신다. 통일이 되면 고향 땅에 가서 꼭 좋은 일을 많이 하라고. 그러자면 지금부터 열심히 공부해야 된다고. 앞으로 고등학교에 가든 대학교에 가든 당당하게 밝히겠다. 나의 고향은 북한이라고, 나는 북한에서 왔다고.

2장

어깨를 딱 펴고

네 덕분에 지금의 내가 있어

한겨레고등학교 3학년 박원우

나는 열한 살 때 한국에 왔다. 한국에 빨리 정착하기 위해 일반 초등학교를 다녔다. 나는 또래에 비해 체구가 왜소했고, 새로운 환경에 놓이자 자신감이 떨어져 있었다. 움츠러든 나를 보며 부모님은 한 학년 유급해서 3학년에 입학하는 것을 추천하셨다. 나의 적응을 돕기 위한 부모님의 결정에 따라 열한 살의 나이에 초등학교 3학년에 입학했다.

첫날 학교에 가자마자 나는 이내 움츠러들고 말았다. 학교에 가기 전 나는 자신감 있게 자기소개를 하리라 몇 번이고 다짐했다. 하지만 막상 학교에 가보니 나의 예상과는 달랐다. 왜소한 체구, 반듯하게 자른 스포츠머리, 조금 까맣게 탄 피부, 살짝 촌스러웠던 복장으로 교탁 앞에 자기소개를 하러 나온 내 모습을 보고 친구들은 갸우뚱하는 듯했다.

나는 자기소개를 시작했고 나의 북한 억양을 듣자마자

반 친구들은 수군거리기 시작했다. 나는 북한에서 왔다는 이야기를 하려고 했다. 하지만 아이들의 표정과 수군거림에 차마 북한에서 왔다는 이야기를 할 수 없었다. 나는 이내 자리로 돌아왔고 쉬는 시간이 되자 아이들은 내 자리로 몰려들었다. 한 아이가 말을 걸어 왔다. 「너 말투 이상해. 어디에서 왔어?」 순간 나는 당황했다. 그냥 얼버무리며 강원도에서 왔다고 말했다. 그 아이는 그다음 쉬는 시간에도 내 자리에 찾아왔고, 그렇게 몇 마디 더 하게 되었다. 학교를 마친 후 같이 놀러 다니며 우리는 이내 친해졌다. 그렇게 2년을 같은 반에서 지내며 우정을 쌓아 갔다.

초등학교 5학년이 되고 어느 날, 등교를 했는데 학교 아이들이 나를 보며 수군거리기 시작했다. 나는 무슨 이유인지 몰라 당황스러웠다. 그때 옆 반 아이가 나에게 다가와 〈너 북한에서 왔냐? 와 개신기하네〉라고 말을 했다. 나는 그동안 북한에서 왔다는 사실을 숨겨 왔다. 굳이 말을 할 이유도, 필요도 없다고 생각했고 반 아이들이 그 사실을 알고 난 후 나를 어떻게 대할지가 걱정되었기 때문이다. 그렇게 2년이 지났는데 모두가 그 사실을 알게 되었고, 나는 모두의 주목을 받았다.

나의 출신에 대해 알게 되자 지금까지 친하게 지냈던 아이들, 인사를 하면서 지나가던 아이들이 모두 나를 멀리하기 시작했다. 그리고 어느 날, 소위 일진으로 불리던 아이들이 나를 불러냈다. 그들은 다짜고짜 나를 빨갱이라고 놀리며 웃었고, 복도에 있던 아이들도 모두 웃었다. 순간 너무 무서웠고, 이 상황을 어떻게 대처해야 할지 몰라 도망치고 싶었다.

그때 2년 동안 친하게 지냈던 그 친구가 다가왔다. 그는 내 앞을 가로막고 일진 아이들에게 맞서 나를 위해 싸워 주었다. 너무 고마웠고 힘이 되었지만 나는 그 친구만큼은 정말 모르면 좋겠다고 생각했었다. 모를 줄 알았다. 그날 오후 여느 때와 다름없이 그 친구와 피시방에 갔다. 게임을 하면서 언제부터 알고 있었는지 물어봤다. 친구는 처음부터 알고 있었다고 했다. 그렇지만 내가 말하기 싫어하는 것을 느꼈고, 자신도 그냥 내가 먼저 말할 때까지 기다려 주기로 마음먹었다고 했다. 순간 나는 눈물이 왈칵 났다. 친구는 말없이 라면을 시켜 주었다. 그 상황에서 무언의 위로로 날 배려해 준 그 친구에게 너무 고마웠다. 만약에 그 친구가 나에게 먼저 물어봤어도 나는 그냥 거짓말을 했을 것 같다. 그랬다면 나에게 실망하고 아마 우리 둘의 사이가 멀어졌을지도 모른다.

그 일이 있고 난 후에도 일진 아이들은 계속해서 나를 괴롭혔고, 심지어는 반 아이들까지 나를 따돌렸다. 정말 힘들었던 그 시간에도 그 친구는 옆에 있어 주었다. 그 친구는 자신도 같이 따돌림당할 수 있는 상황에서도 항상 내 편에서서 나를 위로해 주었다. 그때 만약 그 친구까지 나에게 등을 돌리고 모른 척했더라면 혼자 버티기 힘들었을 것이다. 아마 친구들에 대한 불신으로 아직까지 이 사회에 적응 못 하며 살아갔을지도 모른다. 한 명이라도 온전한 내 편이 있다는 것만큼 감사한 일은 없는 것 같다.

그렇게 나는 6학년이 되고 5학년 때 나를 괴롭혔던 아이들과 같은 반이 되었다. 옆에 든든한 내 편이 있었기에 나는 그 아이들에게 다가가서 먼저 말을 걸 용기가 생겼다. 내가 그냥 북한에서 와서 나를 싫어하는 거냐고 그 아이들에게 물어보았다. 내가 진심으로 다가가 이야기하자 그 아이들도 진심으로 대답해 주었다. 처음에는 그냥 장난으로 시작했지만 점점 자신들도 잘못하고 있다는 생각을 했고 사과하려고 기회를 보고 있었다고 했다.

나한테는 지옥같이 힘들었던 시간들이 그들에게는 장난에 불과했다는 것에 일단 화가 났다. 하지만 진심으로 자신들의 잘못을 뉘우치는 것 같아서 그들의 사과를 받아주기

로 했다. 그 후로는 아무도 나를 신기한 눈으로, 또는 비아
냥거리는 눈빛으로 보지 않았다. 닫혀 있던 내 마음이 괜찮
아지고 나니 나 역시 아이들의 표정이나 말투, 그런 행동들
을 색안경을 끼고 보고 듣고 생각했다는 것을 알게 되었다.
내 스스로가 부끄러웠기에 그들도 당연히 나를 놀리고 비
아냥거릴 것이라고 여겼다. 물론 그런 아이들도 몇 있었지
만 그중에는 나를 걱정해 주고 또 나에게 더 다가오고 싶어
하는 아이들도 있었다는 사실을 그제야 알게 되었다.

　예전에 누군가 나에게 북한에 대해서 물어봤다면 분명
나를 놀리는 것이라고 생각했을 것이다. 하지만 마음을 열
고 난 후 나는 당당해졌다. 그들의 질문이 순수한 궁금증이
라는 것을 알게 된 뒤에는 내가 겪고 살아 왔던 북한에 대해
솔직하게 이야기해 주었다.

　지금도 여전히 초등학교 3년을 나와 내 편으로 함께 지
내 준 그 친구와 연락하며 지낸다. 가끔 우스갯소리로 그
때 이야기를 하곤 한다. 아, 물론 그때 나를 괴롭혔던 아이
들과도 잘 지내고 있다. 아직도 그때의 이야기를 하면 그
아이들은 자신들이 했던 행동들이 부끄러워 어쩔 줄 몰라
한다.

　내가 만났던 친구들은 나를 또 한 번 성장시켜 준 존재들

이었다. 그들이 있었기에 힘든 일을 이겨 내는 법도 배웠고, 옆에 있는 사람을 소중하게 생각하는 마음도 알았다. 그 모든 일들이 그 순간에는 힘들었지만, 지금 생각해 보니 내가 성장할 수 있었던 또 하나의 과정이었다는 생각이 든다.

친구야 고맙다.「네 덕분에 지금의 내가 있어.」

내 인생 최고의 선생님들

경기 성사초등학교 6학년 박도겸

2016년 나는 한국에 왔다. 처음에는 엄마와 같이 하나원에 있었다. 한국말을 전혀 할 줄 몰랐지만, 무슨 말인지는 조금 알아들었다. 하나원을 다니면서 삼죽초등학교에 입학했다. 거기에는 특별히 친절한 선생님이 계셨다. 석 달 동안이라는 길지 않은 기간이었으나 잊을 수 없을 만큼 즐거운 시간을 보냈다. 선생님은 새로 입학하는 우리를 축하하는 파티를 해주셨다. 생일날처럼 케이크를 놓고 기수에 맞게 올린 촛불을 끄는데 너무 신났다. 선생님은 우리를 친자식처럼 대해 주셨고, 특히 한국어를 열심히 가르쳐 주셨다. 그분도 우리처럼 중국어도 잘하고, 놀 때는 고향의 사투리도 곧잘 해서 친근감을 느꼈다.

속상한 일이 있을 때면 선생님을 찾아가 이야기도 나누면서 스트레스를 풀기도 했다. 가끔은 체험 학습을 갔는데,

답답한 교실에 앉아 있는 것보다 훨씬 시원하고 즐거웠다.

너무 짧지만 보람찼던 삼죽초등학교를 졸업하고 경기도 파주에 임대 아파트를 받았다. 아파트는 깨끗했고, 새로 배정받은 자유초등학교도 집 가까운 곳에 있었다. 나는 다음 날부터 자유초등학교로 등교했다. 나의 두 번째 학교인 셈이었다. 첫날, 나는 걱정이 앞서면서 긴장하지 않을 수 없었다. 앞으로 나의 운명은 어떻게 되고, 어떤 친구들을 사귀게 될지 걱정 반, 기대 반인 심정으로 교실까지 갔다.

문을 열자 선생님께서 먼저 나오셨는데, 여자 선생님이셨다. 인상이 매우 좋아 보여서 다행이라고 생각했다. 그 선생님은 어떻게 아셨는지, 내가 한국말을 전혀 모르고, 우리 엄마가 탈북민이라는 것까지 다 알고 있었다. 학급 친구들에게 소개하는데, 중국에서 온 아무개라고, 잘 지내야 한다고 말씀하시자 아이들은 박수로 나를 환영해 주었다. 나는 한국어가 능숙하지 못해 그냥 인사만 하고 내 자리에 앉았지만 마음은 설레었다.

하지만 그 기쁨도 잠시, 나는 한국어 수준이 너무 낮아 수업 시간에 선생님의 말을 조금밖에 알아들을 수 없었다. 그렇게 학교에서 공부에 시달리다가 지친 마음으로 집에 가면 또 엄마가 억지로 공부시켰다. 너무 싫었다. 〈아, 너무 힘들다.〉공부 안 하는 데면 어디든 가고 싶었다. 날개가 있으면 훨훨 날아 다시 고향으로 가고 싶었다.

한국어를 유창하게 하지 못하는 나를 보며, 아이들도 점점 나에 대한 호기심과 기대가 식었다. 언제 오는지 가는지, 관심도 두지 않았다. 힘든 나날을 보내던 어느 날, 엄마가 아는 친구가 소개해 주었다면서 금강학교에 가지 않겠느냐고 물었다. 그 학교는 나처럼 한국말을 모르는 애들이 많다는 것이었다. 처음에는 가고 싶지 않았다. 그래서 한참 동안 고민했다. 그러다 문득 이런 생각이 들었다. 한국말을 모른다는 것은 중국어를 잘한다는 얘기 아닌가. 그러자 거기에 가서 중국어도 마음껏 하고, 나처럼 한국어를 모르는 애들과 천천히 배우면서 학교생활을 하고 싶어졌다.

하지만 막상 대안학교를 보니 실망하지 않을 수 없었다. 학교라고 하기에는 너무 아니라는 생각이 들었다. 병원이 옆에 있었는데, 그 건물을 빌려 쓰는 것이었다. 교실과 방은 너무 작았고 시설도 다 낡아서 물이 복도까지 새는 것이 보였다. 다니고 싶은 생각이 전혀 들지 않았다. 나는 생각했다. 어떻게 할 것인가.

여기에 있으면 일반 아이들의 눈총을 받지 않아도 될 것 같았다. 눈총을 받는다고 해도 나와 같은 애들이 많기 때문에 위안이 될 것이고, 스트레스는 덜 받을 것 같았다. 나는 더 생각할 것 없이 짐을 풀었다.

금강학교는 탈북민 자녀들이 다니는 학교여서 그런지 봉사하러 오시는 분들이 많았다. 그분들에게 한국어도 배우고, 수학도 배웠다. 2017년에 기숙사를 옮겼다. 옛날 건물이 아니고 새 건물이었다. 학교도 거기에서 가장 가까운 고원초등학교를 다녔다.

오전에는 서울 고원초등학교에서 공부하고, 하교 후에는 금강학교에서 공부한 뒤 기숙사에서 잠을 잤다. 매일매일 힘들었지만 너무나 행복했다. 고원초등학교 담임선생님은 남자였다. 잘생긴 미남인 데다 성격도 시원시원해서 마음에 쏙 들었다. 지금껏 만나 본 선생님들 중에 제일 괜찮은 것 같았다. 여기로 전학 오길 잘했다는 생각이 들 정도였다.

신기하게도 선생님의 성함이 네 글자였다. 최휜나래. 선생님은 수업도 재미있게 가르치셨다. 유머가 아주 풍부해서 우스운 말과 행동으로 알기 쉽게 설명해 주셨다. 과학 시간에 어떤 동물 흉내를 내는데, 너무 웃겨서 배를 그러쥐고 웃었다. 쉬는 시간에 옆 반 애들이 찾아와 무슨 좋은 일이 있었느냐고 물을 정도였다. 선생님은 매일 받아쓰기를 하는 것이 아니라 매주 한 번씩만 하셨다. 받아쓰기를 제일 싫어하는 나로서는 다행한 일이었다. 나는 그럴수록 더 분발했고, 대안학교에 가서도 열심히 했다. 한국에서 만났던 선생님 중에 최고의 선생님이었다.

그렇게 1년이라는 시간이 흘렀다. 그동안 나의 한국어 실력도 늘고, 친한 친구도 생겼다. 드디어 5학년이 되었다.

선생님이 또 바뀌었다. 아쉬웠다. 좋은 선생님이었는데, 5학년에서도 제발 좋은 선생님을 만나야 할 텐데, 은근히 걱정했다. 다행히도 5학년 담임선생님은 작년에 과학부장을 맡으셨던 선생님이었다. 4학년 때 담임선생님과 친하게 지내시던 선생님이었다. 〈난 역시 선생님 복이 많아〉라고 생각하면서 5학년 첫 수업을 기분 좋게 시작했다.

제일 기억에 남는 것은 멘토링을 하면서 문화 체험을 갔던 때였다. 고척동에 있는 야구 경기장으로 갔다. 선생님은 내가 제일 재미있어 하는 멋진 야구 경기도 보여 주시고, 야구 규칙도 설명해 주셨다. 맛있는 치킨과 콜라도 먹으면서 야구 경기를 보는 재미란 얼마나 쏠쏠한지 정말 신났다. 방학에는 경주에도 데리고 가셨는데, 그때는 애들과 함께 역사 문화 체험이라고 하면서 단체 버스로 갔다. 와~ 좋다. 서울에만 있다가 공기 좋고, 물 좋은 지방에 그것도 친구들이랑, 선생님과 함께 웃고 떠들며 2박 3일을 보낸다고 생각하니 날듯 기뻤다. 우리나라의 역사 지식이 없는 나로서는 큰 경험이 아닐 수 없었다. 신라의 역사가 그대로 보존된 경주를 보면서 많은 것을 배운 느낌이었다. 나는 내가 조금씩 성장하는 것 같았다. 좋은 선생님들을 만나면서 나의 인생은 조금씩 변하고 있었다.

지금은 집을 또 옮겨 성사초등학교에 다닌다. 하지만 나는 그전처럼 운명을 걱정하거나 두려워하지 않는다. 나는 어디에 가든 좋은 선생님들을 만날 것이다. 한국 사회에 잘 적응할 것이며, 한국어 실력도 점차 늘고, 공부도 잘할 것이다. 나는 앞으로 달리기도 잘하여 야구 선수가 될 것이다.

한국에 와서 지금까지 제일 신나고 즐거웠던 해가 2017년과 2018년이었다. 거기에서 배운 모든 선생님들이 너무나 좋았고 나를 엄청 잘 대해 주셨다. 2017년에 서울시 남부 육상 대회에 나갔고, 2018년에 서울시 남부 교육청 육상 대회에서 2등을 했다. 그다음에는 서울특별시 육상 대회에서 다시 2등을 했다. 너무 기뻤고, 그동안 했던 노력의 열매라고 생각했다. 나는 고원초가 너무 좋았다. 그 학교 덕분에 학교 가는 것이 좋았고, 성적이 많이 올라서 너무 기뻤다.

내 인생에 큰 꿈을 찾은 것 같았다. 나는 계속 그 추억을 머리에 새기고 있을 거다.

끝으로, 내 인생 최고의 선생님들!! 진심으로 감사합니다!

아빠가 사라졌다

한겨레고등학교 2학년 김여울

열 살. 세상 모든 것이 아름다웠던 나이. 걱정 하나 없었던 나이. 나에겐 행복한 일만 줄곧 생길 줄 알았던 나이. 이렇게 어렸던 나에게 하루아침에 아빠가 사라지는 충격적인 일이 일어났다.

아빠는 13년간 군복무를 했다. 다시 말해 나라에 13년이라는 시간을 충성했다. 그랬던 아빠에게 나라는 등을 돌렸다. 높은 직위에 있던 아빠에게 갖은 꼬투리를 잡아 감옥에 보냈고, 아빠의 권력마저 모두 빼앗아 갔다. 아빠가 감옥에서 나왔을 땐 아빠의 삶이었고 인생이었던 회사마저 빼앗아 갔다.

아빠는 나라에 배신당했고 당신이 지금껏 충성해 온 국가에 분노했다. 그때 아빠는 한국에 먼저 와 있던 누나에게 연락했고 큰엄마는 당장 한국에 오라고 권유했다. 북한에 더 이상 미련이 없었던 아빠는 한국에 가기로 결심했고 엄마와 상의 끝에 결정을 내렸다. 지금 생각해 보면, 그 당시 엄마와 아빠가 안방 문을 잠그고 몇 날 며칠을 이야기하고 다투고 했던 것이 그 결정을 내리기 위한 과정이었던 것 같다. 그리고 아빠가 하루아침에 사라졌다. 인사도 없이. 잠시 여행 갔을 거라고 생각했다. 곧 돌아올 거라고 생각했다.

그렇게 시간이 점점 흘렀다. 집에 아빠가 없으니 동네에서 이상한 소문이 돌았다. 아빠가 탈북을 하다 잡혀 총살을 당했다는 소문. 소문일 뿐이었지만 그때마다 엄마는 가슴이 철렁했을 것이다. 보안원(경찰)들도 우리 집을 밤마다 감시했고 엄마도 날이면 날마다 보안서(경찰서)에 불려가 조사를 받았다. 학교도 잠잠하지 않았다. 친구들이 아빠가 없다고 놀리면 그때마다 죽을 듯이 싸웠다.

그렇게 1년이라는 시간이 흐르고 어느 정도 알게 됐다. 아빠는 여행을 간 것이 아니고 다른 나라에 간 것이라고. 그리고 아빠 없는 1년이 그다지 힘들지 않았다. 어려서 그랬는지 그저 노는 게 바빠서 아빠를 생각할 겨를이 없었다. 지금 생각해 보면 참 철이 없었던 것 같다.

1년 뒤 아빠가 엄마, 언니, 나를 한국으로 불렀고, 고생

고생 끝에 아빠가 있는 한국에 도착했다. 하나원에 있으면서 한국 드라마를 통해 한국을 미리 보았다. 드라마에서의 한국은 밤에는 낮처럼 불빛이 반짝였다. 집들은 온통 으리으리하고 멋졌다. 그 모습을 기대하며 아빠 집에 갔을 때 모든 것이 무너졌다. 초라하진 않지만 작았다. 다행히 금방 드라마와 현실은 다르다는 사실을 깨달았다.

한 달 정도는 한국에 적응하기 위해 이곳저곳 많이 다녔다. 그리고 서울 홍릉초등학교에 입학했다. 열한 살. 스스로 다 컸다고 생각했다. 전학생으로 첫인사를 할 때 떨렸지만 멋지게 잘 해냈다. 그리고 북한에서 왔다고 당당하게 이야기도 하려고 했다. 하지만 그 당당함도 잠시…… 자신들과 다른 억양에 친구들이 먼저 물어보았다. 〈한국 사람 맞아?〉라고. 그 순간 갑자기 두려웠고 무서웠다. 나는 한국 사람이 아니고 북한 사람이었으니까…….

그날부터 한 달 동안 학교에서 단 한마디도 하지 않았다. 말투가 완벽해지면 그때부터 말을 하겠다고 그 어린 나이에 혼자 다짐했었다. 시간이 지나면서 말투는 자연스럽게 변했고 그때부터 조심스럽게 말을 하기 시작했다. 친구들도 놀랐고 선생님들도 놀라워했다. 말을 시작하면서 친구들이 하나둘 생기기 시작했고, 어느새 내 옆에는 수많은 친구들이 있었다.

학교생활은 정말 즐거웠다. 다만 도덕 시간만은 예외였다. 북한에 대한 이야기가 나오면 자연스레 아이들 입에서는 〈빨갱이〉라는 단어가 나왔고 북한을 무시하고 멸시했다. 토론 시간은 더 가관이었다. 〈통일을 해야 한다, 하지 말아야 한다〉라는 주제가 나오면 대부분, 아니 거의 모든 아이들이 하지 말아야 한다는 입장이었다. 난 통일을 해야 한다는 입장이었지만, 나만 찬성을 하면 이상하게 볼까 봐 반대쪽으로 갔다.

지금 생각해 보면 토론 주제가 참 이상했던 것 같다. 통일은 해야 한다, 하지 말아야 한다가 아닌 당연히 해야 하는 문제였다. 그땐 모르는 것이 너무 많았고, 나의 가치관을 따르기보단 친구들의 시선을 먼저 의식했다. 그러다 보니 어릴 때부터 타인의 시선을 중시했고, 가치관을 제대로 형성하지 못했다. 그 시절에는 행복한 나날도 있었지만 대체로 하루하루 불안한 나날을 보냈던 것 같다. 북한에서 왔다는 사실을 들키지 않기 위해 악착같이 숨기고 또 숨겼다. 어린 나이에 너무 큰 짐을 짊어진 것 같았고, 북한에서 태어난 것이 너무 싫었다. 날 한국이 아닌 북한에서 낳은 부모님도 남몰래 원망하곤 했다.

초등학교를 무사히 졸업하고 부모님의 사정으로 서울에서 포천으로 이사하게 되었다. 중학교도 일반 학교가 아닌 북한 이탈 청소년들이 재학 중인 한겨레중학교로 입학했다.

사실 나는 북한 사람들끼리 모여 있는 것을 굉장히 싫어했다. 그래서 한겨레중학교도 처음에는 너무 싫었다. 하지만 집안 사정상 일반 학교에 갈 수 없었다. 어쩔 수 없는 선택이었다. 그런데 시간이 흐르면서 점차 한겨레중학교에, 그리고 한겨레 사람들에게 마음이 열렸다. 이곳이 좋은 곳이라고 생각했다. 그중에서 가장 좋았던 것은 마음이 편하다는 사실이었다.

일반 학교에 있을 때에는 친구들에게 거짓말하고 있다는 생각에 늘 마음이 무거웠고, 언제 들킬지 몰라 늘 불안한 하루를 보냈다. 하지만 한겨레에 있는 사람들은 모두 나와 같은 처지의 사람들이었고 이곳에서는 거짓말할 필요도, 불안한 하루를 보낼 이유도 없었다. 그리고 마음을 열고 생활하니 스트레스도 안 받고 속도 편했다. 그런 마음가짐으로 공부도 열심히 했고 학생회장도 했다. 모든 것이 순조롭게 흘러갔고 그 순간들이 너무 소중하고 행복했다. 통일 교육을 다니기 전까진…….

교감 선생님과 서울, 경기권 학교를 돌아다니며 한 달에 한 번 통일 교육을 했다. 통일 교육을 갈 때마다 느끼는 감정은 딱 하나였다. 나는 이방인이라는 것.

그 학교의 전교생들이 있는 강당에서 교감 선생님께서 북한에 대한 프레젠테이션을 하고, 20분 정도 나와 친구들에게 질의응답 시간이 주어졌다. 나는 몇백 명을 상대로 앞에서 이야기하는 것은 전혀 떨리지 않았다. 내가 가장 두려웠던 것은 수많은 사람들 속에 나 혼자 다르다는 것, 이방인이라는 사실이었다. 우리는 한민족이기에 다름을 느끼지 않아도 된다고 다들 이야기하지만 그 순간만큼은 난 북한 사람이고 내 앞에 있는 몇백 명의 사람들은 한국 사람들이었다. 편견을 버리고 당당해져야 했지만 그러지 못했다.

통일 교육을 수차례 다녀왔고 다녀온 날은 혼자 많은 생각에 빠지곤 했다. 그리고 그런 날은 혼자 되뇌었다. 〈한국에 살면 한국 사람이고 우리는 한민족이기에 이방인이 아니야〉라고…….

열아홉 살이 되었다. 이제 곧 스무 살, 법적으로 성인이 된다. 중학생 때보단 나만의 가치관이 뚜렷이 형성되었고 생각도 많아졌지만, 아직 그때의 그 감정들이 가슴속에 남아 있다.

어쩔 수 없이 남아 있는 북한 사람에 대한 편견이 나를 움츠러들게 하지만 그럴 때마다 〈괜찮다〉고 다짐하고, 앞날을 바라본다. 앞으로 사회에 나가 변할 내 모습이 기대되고, 지금까지 멋지게 툭툭 털고 일어난 내 자신이 자랑스럽다.

마지막으로 탈북민으로 살아가며 느낀 점을 요약하자면, 모든 것은 내가 마음먹기에 따라 달라지는 것 같다. 내가 어떤 마음으로 받아들이느냐에 따라 그때그때 느끼는 감정이 달라진다. 그렇기에 행복한 것들, 행복하지 않았던 것들이 조화롭게 공존하는 것 같다.

어깨를 딱 펴고

한겨레중학교 2학년 노유경

제가 탈북을 해 한국에 정착하며 산 지도 벌써 8년이 됐습니다. 지금은 한국이라는 곳에 완벽히 적응했지만 북한에서 갓 넘어왔을 때는 그야말로 촌년이라는 말이 나올 정도로 촌티가 팍팍 났고 말투도 티가 많이 났습니다.

하루는 화장실에서 손을 씻고 있는데, 여자아이 둘이 제 옆에 와서 귓속말 같지 않은 귓속말로 〈야 쟤 말투 너무 이상해. 생긴 것도 너무 촌스러워. 우리 쟤랑 놀지 말자〉라고 했습니다. 걔네 딴에는 귓속말이랍시고 했겠지만 제 귀에는 바로 귓가에서 말하는 것처럼 선명하게 들려왔습니다.

그렇게 처음 상처를 입고 저는 결심했습니다. 〈말투를 고치자.〉 그리고 북한에서 왔다는 사실을 철저히 비밀로 했습니다. 말투도 좀 바꾸고 북한에서 왔다는 말을 안 하니 제게도 아이들이 하나둘 다가오고, 친구도 생겼습니다.

제가 어렸을 때에는 탈북민이라는 사실에 대해 별로 민감하지 않았는데, 나이를 점점 먹을수록 탈북민이라는 사실을 숨기기에 바빴습니다. 그러다 문득 이런 의문이 들었습니다. 아니 우리는 원래 같은 한민족이었고, 또 같은 사람인데 왜 우리가 눈치를 보며 살아가야 하지?

물론 저에게도 북한 문화를 이해하고 저를 있는 그대로 받아 주는 좋은 친구들이 있었습니다. 진짜 너무 좋은 친구들입니다. 이에 반해, 제가 지나가면 곁눈질하며 흘끔흘끔 쳐다보고 속닥거리는 애들이 있었습니다. 저는 그런 모습을 보면 자존감이 낮아져 고개를 숙이고 지나가곤 했습니다. 그런데 계속 그런 생활을 하니까 스스로에게 화가 나기 시작했습니다.

그래서 저를 보며 속닥거리는 애들에게 가서 〈야! 너희 나한테 뭐 할 말 있어? 할 말 있음 당당하게 앞에서 하던가! 뒤에서 하지 말고!〉 이랬더니 애들은 아니라면서 그냥 자기 갈 길을 갔습니다. 저도 어디서 그런 용기가 나왔는지 모르겠는데, 한바탕 그렇게 말하고 나니 속이 시원했습니다. 그 뒤부터는 애들이 저를 그냥 지나쳤던 것 같습니다.

아마도 이때부터였을까요? 제가 자신감을 얻기 시작한 것이. 지금 생각해 보면 이런 일들이 저를 더 많이 성장시키지 않았나 생각합니다. 앞으로 사회에 나가면 탈북민이라는 이유로 여러 가지 차별을 받을 수 있을 것입니다. 하지만 그럴 때마다 저는 어깨를 딱 펴고, 더 당당하게 살아갈 것입니다.

자본주의 국가란

여명학교 정지윤

저는 북한에 있을 때 한국이 어떤 나라인지 제대로 알지 못했습니다. 북한 교과서에는 한국이 가난한 나라이고 어린 아이들은 구두를 닦으면서 살아간다고 나와 있습니다.

그러던 어느 날, 어머니와 저는 살기가 너무 어려워서 탈북을 해 중국에 머물게 되었습니다. 처음에는 중국이라는 곳이 너무나도 낯설고 언어도 통하지 않아서 많이 힘들었습니다. 그렇게 중국에서 지내면서 드라마나 뮤직비디오 또는 뉴스를 통해 한국에 대해 조금씩 알게 되었습니다. 한국은 자본주의 국가라는 것입니다. 당시 저의 생각은 자본주의 국가는 내 자신을 위해서라면 수단과 방법을 가리지 않는, 오직 자신만 생각하는 국가라고 생각했습니다.

물론 그때의 저는 어렸고, 정치와 사회 구성이 어떻게 이루어져 있는지 몰랐습니다. 하지만 그보다는 북한에서 받았던 교육이 제 생각을 크게 지배하고 있었습니다. 중국에 있을 때에도 살기가 어려워서 정치에 관심을 둘 수가 없었고, 사회주의가 무엇인지 자본주의가 무엇인지 모르고 살아왔습니다.

그러던 어느 날, 어머니는 더 안정적인 삶을 살기 위해 한국으로 가기로 결정했습니다. 어머니와 저는 라오스 국경을 거쳐 태국으로 넘어갔습니다. 한 달 동안 태국 감옥에 갇혀 있다가 한국으로 왔습니다. 한국에 도착한 저는 국정원에서 조사를 받고, 하나원이라는 곳에서 사회 정착을 위한 교육도 받았습니다. 저는 교육을 통해 한국 사회에 대해 더 자세히 알게 되었지만, 그것만으로 다 이해하기에는 부족했습니다.

하나원에서 퇴소한 저는 한국 사회에 정착하면서 다양한 사건과 교육 그리고 사회 경험을 통해 많은 것을 알게 되었습니다. 예를 들면 박근혜 대통령 탄핵 사건입니다. 저는 이 사건을 통해 한국에서는 국민이 직접 투표해서 대통령을 뽑고, 또한 대통령이 정치를 잘못하면 국민의 의견으로 대통령을 탄핵시킬 수 있다는 것을 알게 되었습니다. 이 사건은 저에게 큰 충격을 주었습니다. 북한 또는 중국이라면 이러한 일은 상상조차 할 수 없었을 것입니다. 한국에 오기

전에는 자본주의 국가에 대해 부정적인 생각을 가지고 있었는데, 한국 사회 분위기에 의해 저의 관점은 완전히 바뀌었습니다.

한국에 살면서 저는 다양한 봉사 활동을 통해 한국에도 살기 어려운 사람이 많다는 사실을 알게 되었습니다. 그러나 정부와 개인 또는 교회 그리고 수많은 기업 단체들이 모여서 사회적 약자와 도움이 필요한 사람들을 도와준다는 사실을 알게 되었습니다. 이것 또한 제가 한국에 와서 보고 느낀 자본주의 한국 사회였습니다.

처음에는 한국 사회에 정착하는 데 많이 힘들었습니다. 왜냐하면 저는 어렸을 때부터 혼자서 사회생활을 해왔기에 무엇이든 스스로 해결해 왔습니다. 그것이 지나쳐 자아 중심주의적인 성격이 되었습니다. 의사소통이 약하고 표현을 잘하지 못하는 저는 남들과 더불어 살아가기가 매우 힘들었습니다. 뒤늦게 저는 한국 사회에서는 의사소통과 감정 표현이 중요하다는 사실을 알게 되었습니다.

제 주변 사람들은 누군가와 소통하고 배려하는 일이 많았고, 상대방을 비난과 처벌의 대상으로 보는 것이 아니라 그 문제를 함께 해결해 나갈 수 있는 협력의 대상으로 바라보는 것이었습니다. 이러한 분위기 속에 살면서 저도 점차 자아중심주의를 내려놓고 타인을 배려와 소통, 그리고 협력적인 눈에서 바라보게 되었습니다.

한국에 온 지 3년째인 저는 3년이라는 시간을 통해 민주주의 국가란 무엇인지, 자본주의 국가가 어떻게 구성되어 있는지 알게 되었습니다.

우리는 다 같은 인간이다

일반 학교 임태홍

저는 초등학교 6학년 때 한국에 왔습니다. 초등학교에 두 달 정도 다닐 무렵, 담임선생님께서 새로 전입한 학생은 탈북 학생이라고 밝히셨습니다. 그렇게 저는 아무런 마음의 준비도 없이 친구들에게 북한에서 온 학생인 것을 밝히게 되었습니다.

그때 친구들의 반응은 다양했습니다. 저를 신기해하고 북한 생활을 궁금해하는 친구들도 있었지만, 저를 무시하고 북한에서 왔다는 이유로 싫어했던 친구들이 대부분이었던 것 같습니다.

학교 수업을 마치면 종례 시간이 있는데, 그 시간에 가정에 전달하는 유인물들을 앞자리에서 뒷자리로 전달해 모든 학생들에게 나누어주기도 합니다.

당시에 제 짝꿍은 키와 덩치가 큰 여학생이었는데, 항상 유인물은 자기가 받아서 저한테 한 장 건네주고 뒤로 넘기곤 했습니다. 하루는 제가 유인물을 받아서 짝꿍에게 줬는데 더럽다면서 안 받고 그냥 버리라고 했습니다. 그때 저는 너무나 큰 상처를 받았고 그 일을 지금도 잊지 못하고 있습니다. 그 이후로 저는 자존감이 더 낮아지고 학교에서 친구들이 말을 걸어도 대답하기조차 부담스러웠습니다. 아이들의 시선과 행동이 전부 저를 욕하고 무시하는 것만 같았습니다. 그러다 보니 저는 혼자 있는 시간이 점점 늘어났고 친구들과 어울리기 힘들었습니다. 한국말로는 흔히 왕따라고 하죠.

그렇게 힘들고 지옥 같은 초등학교 생활을 마치고 중학교로 진학했는데, 중학교에 와서도 달라진 건 크게 없었습니다. 친구를 사귀기 어려운 이유가 그냥 제가 못났고 성격이 안 좋아서 싫어하고 무시하는 거라고 생각하면서 스스로를 위로하곤 했습니다. 하지만 타고난 제 성격은 아버지를 닮아서 나가서 놀고 친구들과 어울리는 것을 좋아했습니다. 그 때문에 친구들이 학교 끝나면 같이 놀러 가고 학교에서도 무리지어 놀곤 하는 모습이 너무 부러웠습니다. 저 또한 그런 친구들 사이에 껴서 놀고 싶었고, 혼자인 게 너무 싫었습니다.

하지만 용기는 나지 않았고, 어쩌다가 용기를 내서 친구들에게 말을 걸어도 친구들은 저를 무시하거나 놀리는 말투로 대했습니다.

그런 학교생활이 너무 힘들었던 저는 외로움을 잊기 위하여 핸드폰과 컴퓨터 게임을 하면서 시간을 보냈습니다. 어느덧 그것은 일상이 되었고, 집에서도 핸드폰만 하고 학교가 끝나면 피시방에 가서 앉아 있었습니다.

대학을 졸업한 부모님 슬하에서, 북한에서는 나름 공부 잘하는 아이였던 저의 학교 성적은 날이 갈수록 바닥만 치게 되었습니다. 그렇게 중학교 3년 과정을 마치고 고등학교로 진학한 저는 중학교 때와 마찬가지로 달라진 것 하나 없이 같은 일상을 반복했습니다.

그러던 고등학교 2학년 어느 날, 담임선생님과 상담하던 중에 선생님으로부터 네 꿈이 무엇이냐고 질문을 받았습니다.

제가 친구들과 유리되어 지냈던 학교생활 전 기간을 게임으로 보내며 컴퓨터 게임을 남달리 좋아했던 것도 물론 사실이지만, 북한에 있을 때부터 전자 기기에 늘 호기심이 있었고 한국에 와서도 해킹 영화들을 즐겨 봤었습니다. 영화들을 보면서 해커가 진짜 멋있다고 생각한 적도 많았고 나도 그런 해커가 되고 싶은 꿈을 꿔본 적도 있었습니다. 담임선생님의 질문에 저는 잠시 고민하다가 해커라고 대답했습니다.

꿈이 해커라는 저의 대답이 진짜가 아니라는 것을 다 아시는 듯, 선생님께서는 해커는 좋은 쪽의 해커도 있지만 영화에서처럼 네가 환상적으로 생각하는 해커가 되기는 쉽지 않을 거라고 얘기해 주셨습니다. 그러고는 네가 잘할 수 있는 것, 하고 싶은 것이 무엇인지 생각해 보라고 말씀하셨습니다.

그 이후 저는 꿈에 대해 깊이 생각하게 되었습니다. 제가 유일하게 중학교 때부터 잘하기도 했고, 쉽고 재미있다고 생각했던 중국어를 집중적으로 해보기로 했습니다. 꿈을 위해 도전해 보기로 결심했습니다. 고등학교 2학년 당시 이과였지만 3학년으로 진학할 때 과를 바꿔서 문과를 선택했습니다. 반도 다른 반으로 가게 되었습니다. 결국 저의 인생은 이때부터 달라졌습니다.

중국어 시험에서 전교 2등을 하던 어느 날부터 친구들이 저에게 다가와 말을 걸기 시작했습니다. 학교 프로그램 때마다 같이 어울려 얼굴은 알고 있었지만 먼저 말을 건네 본 적 없던 아이들이었습니다. 그러다 보니 같은 반 아이들과도 하나둘씩 친해졌습니다. 나중에는 그 아이들 덕분에 다른 학급은 물론 다른 고등학교 아이들과도 친해졌고, 2학년 후배들과도 친해졌습니다. 가식이 아닌 진짜 친구가 생기고 있다는 기쁨에 저는 학교생활이 즐거워지고 삶이 행복해지기 시작했습니다.

저는 그제야 느꼈습니다. 북한이라는 사회에 대해서 한국 사람들은 안 좋은 인식을 가지고 있지만, 나쁜 인식은 누가 깨주기를 기다리는 것이 아니라 스스로 깨야 하며 자기가 노력하지 않으면 내 생활과 주위 환경은 결코 바뀌지 않는다는 것을 말입니다.

제 주변의 몇몇 탈북 학생들이 학교에서 친구들에게 탈북 사실을 들키지 않으려고 조심스럽게 행동하는 것을 많이 봐왔습니다. 저는 지금까지 북한에서 온 사실을 숨겨 본적이 없습니다. 그 때문에 친구가 없어 힘들었던 날들이 더많았지만 그래도 저는 숨기고 싶지 않습니다. 북한은 제가선택해서 태어난 곳도 아니고, 북한에서 태어나 북한 주민으로 살았다는 것이 죄가 될 수는 없기 때문입니다.

훗날 친구 사이가 되어 들은 건데, 북한에서 왔지만 위축되지 않고 늘 당당하게 살아가는 너여서 더 멋있었다고 고백하는 친구도 있었습니다.

혹시 저처럼 학교생활이 힘든 탈북 학생을 만나면 이렇게 말해 주고 싶습니다.

〈다 같은 인간일 뿐이고, 누가 더 잘났다거나 못난 거 없으니까 스스로 자신감을 가지고 항상 자기가 최고라고 생각하고 살아라. 대신 친구들 앞에서 잘난 척은 하지 말고 겸손하게 대해 주면 친구들도 너를 많이 좋아할 것이고 존중해 줄 것이다.〉

저는 결국 중앙대학교 아시아문화학부(중국어과)에 진학했고, 1학년에는 과대표까지 했습니다. 동기들이 모두 저를 좋아해 주고 존중해 주면서 즐겁게 학교생활을 하고 있습니다.

나의 한국 사회 적응기

한겨레고등학교 2학년 이재원

저에게 2018년은 정말 의미 있는 해입니다.

2018년 3월 모든 과정을 마치고 한국 사회로 나온 저는 정말 고민이 많았습니다.

정작 사회로 나오니 내가 무엇을 해야 할지, 어떻게 계획을 세우고, 또 어떻게 살아가야 할지 정말 고민에 고민이 이어졌습니다.

매일같이 고민하던 저는 먼저 한국 사회에 빨리 적응하는 것을 첫 과업으로 생각했습니다. 그리고 가장 빨리 적응하는 방법은 일을 하는 것이라고 생각했습니다. 그리하여 길거리에 나붙은 구인 광고나, 핸드폰 알바몬을 통해 아르바이트 자리를 찾고, 수많은 마트와 가게, 점포의 사장님들을 만나 면접을 보았습니다. 하지만 귀가 솔깃해지는 꿀 같은 소리나 〈내일 연락을 줄 테니 기다리세요〉라는 친절한 말뿐이었습니다. 기다림은 끝이 없고, 영영 무소식이었습니다.

우선 말투가 달라 첫 물음에 〈중국 사람이세요?〉라고 물었습니다. 제가 〈중국 사람이 아니라 북한에서 왔습니다〉라고 하면 하나같이 이상한 눈길로 바라봤습니다. 이렇게 거의 서른 번의 실패 끝에 진짜 인심 좋고, 상냥한 편의점 사장님을 만나게 되었습니다. 그렇게 한국 사회에 적응하기 위한 첫걸음을 뗄 수 있었고, 일하고 배우는 과정에서 정말 많은 것을 알게 되었습니다.

두 번째로 저에게 충격이 컸던 일은 꿈과 희망을 안고 몇 달 동안 준비해 온 대학 입학이 물거품이 된 일입니다. 한국에 온 지 겨우 석 달이었고 지인도 없이 저 혼자 인터넷상으로 대학과 관련한 모든 것들을 검색했습니다. 제 딴에는 그만하면 잘 준비했다고 생각한 서류를 대학에 제출했지만, 면접도 못 보고 불합격했습니다. 한국 사회에서의 첫걸음을 다시 떼었지만 쓴맛만 보았습니다. 그때는 정말 아무것도 하고 싶은 생각이 없었습니다. 그렇게 주저앉은 저에게 그래도 가장 가까운 담당 형사님이 지인분을 소개시켜 줘 제가 다시 일어날 수 있도록 많은 도움을 주었습니다. 그 과정에서 한겨레고등학교가 있다는 걸 알았고, 저는 다시 고등학교에 다닐 결심을 했습니다.

한겨레고등학교에서의 생활은 처음에는 낯설고 몸에 익지 않았습니다. 그러나 제일 큰 충격은 교실에서 수업 시간에 학생들이 선생님과 진짜 허물없이 대화하고 농담도 주고받는 모습이었습니다. 북한에서는 볼 수도 상상하기도 힘든 광경이었습니다. 한국 교육 체계를 아직 몰랐던 저는 그 학생들이 정말 도덕이 없고 예절 바르지 못하다고 생각했습니다.

다음 날 저의 담임선생님이 한국 교육이 예전에 비해 많이 달라지고 지금 이런 현상이 학교 교육 체계의 현실이라는 말씀을 해주셨습니다. 그제야 조금 이해할 수 있었고 저 역시 점차 익숙해져 지금은 적응을 다 한 것 같습니다.

한겨레 선생님들은 하나같이 친절하시고 무엇이든 잘 가르쳐 주셨습니다. 선생과 제자의 관계가 아닌 혈육과 같은 감정이 들어 정말 이 학교에 잘 왔다고 생각합니다. 저에게 있어서 한겨레고등학교는 한국에서의 첫걸음이라고 할 수 있고, 배움의 리스타트라고 말할 수 있습니다. 이 글을 쓰고 있는 이 순간도 정말 행복합니다.

한국과 북한의 모습들

한겨레고등학교 3학년 강현서

저는 2016년 4월 30일 북한에서 탈출했고, 중국에서 일하며 지냈습니다. 6개월 동안 힘들게 일했습니다. 아침 6시에 일어나서 일 나가면 저녁 6시에 들어옵니다. 그렇게 6개월 동안 열심히 일하다가 한국에 대한 정보를 알게 되었고, 한국에 관심 갖게 되었습니다. 중국에서 미래에 대한 고민도 없이 살다가, 이젠 좀 더 좋은 환경에서 저의 꿈을 이룰 수 있는 곳으로 가고 싶었습니다.

한국에 대한 좋은 이미지를 갖게 된 저는 2016년 12월에 아빠와 한국에 오게 되었습니다. 국정원에서 3개월 있다가 하나원에 있는 하나둘학교에 들어갔습니다. 하나원에서 3개월 있다가 2017년 4월에 퇴소했고, 퇴소하자마자 한겨레고등학교 1학년에 입학했습니다.

한국에서 느낀 점은 많았습니다. 하나는 북한에선 어릴

때부터 한국은 자본주의 사회이고 자기밖에 모르고, 사람의 인권을 존중하지 않는 나라라고 세뇌 교육을 받습니다. 그런 인식이 박혀서 저는 한국에 안 좋은 이미지만 갖고 살았습니다. 그런데 정작 한국에 와보니 북한에서 배웠던 것과 충격적으로 달랐습니다. 한국 사람들도 북한 사람처럼 마음이 착하고 자기 미래를 어릴 때부터 키워 나가고 있었습니다. 그런 모습들을 보면 북한 사람들과 다를 바가 없었습니다.

학교에서 느낀 점은 선생님들이 저희들에게 하나라도 더 가르쳐 주시려고 애쓰는 모습이었습니다. 그렇게 마음 쓰시는 모습이 너무 감사했고, 항상 존경하며 살고 있습니다. 그리고 식당 어머님들께서 항상 저희들을 위해 고생하시는 모습에서 애정을 느꼈습니다. 주말에 몇 명 안 남은 학생들을 위해 집도 안 가시고 밥을 챙겨 주시는 모습을 보면서 북한에 있는 저희 어머니가 생각난 적도 있습니다. 이렇게 챙겨 주시는 식당 어머니들은 저희에겐 친부모나 같은 존재입니다. 식당 어머님들 항상 감사합니다.

한국에서는 북한과 달리 한 아파트에 살면서 옆집에 누가 사는지, 몇 명이나 살고 있는지 알기 힘듭니다. 북한에 있을 때에는 옆집 수저가 몇 개 있는지 알 정도로 이웃들과 친하게 지내 왔는데, 한국에서는 적응이 잘 안 됐습니다. 물론 한국에서도 이런 개인화 경향이 나타난 것은 그리 오래되지 않았다고 합니다. 선생님들이 어렸을 때는 아파트에 살면서도 같은 층 사람들과 항상 인사하고 함께 식사도 했다고 합니다. 또 어려운 일이 생겼을 때는 서로 도와주는 공동체 생활을 했다고 합니다.

한국에 처음 왔을 때에는 말투가 다르니까 조선족으로 생각하고 안 좋게 보는 사람들이 있었습니다. 차별하는 느낌도 많이 받았습니다. 그래서 학교에서 남한의 언어를 배우기 위해 정말 많이 노력했고, 지금은 많이 개선되어 예전처럼 편견 어린 시선을 받지는 않고 있습니다.

한편 한국은 북한과 달리 교통 시설이 잘 되어 있습니다. 가고 싶은 데가 있으면 멀어야 하루면 갈 수 있는데, 북한은 서울에서 부산까지의 거리를 가려면 전기가 부족해서 한 달이 걸려야 도착하곤 했습니다. 한국과 북한의 그런 모습들을 많이 비교해 보았습니다. 북한에선 한번 샤워를 하려면 물을 끌어서 썼는데, 한국에 오니 수도꼭지를 한번 왼쪽으로 비틀면 더운 물이 나오고, 오른쪽으로 비틀면 찬물이 나오는 게 너무 신기했습니다. 그리고 북한은 나무가 많아서 도시라도 시골 느낌이었는데, 한국에 오니 어디나 도시 같고 깨끗했습니다.

한국 생활 중에 종종 북한에 계신 할머니, 어머니, 동생이 보고 싶었습니다. 다시 북한에 가고 싶을 때가 많았고, 빨리 통일이 되어 생이별한 사람들, 가족들과 만나고 싶습니다. 아직은 저의 미래나 직업에 대해 뚜렷한 생각이 없습니다. 통일에 대해서도 막연히 이루어졌으면 좋겠다고 생각하는 것뿐입니다. 하지만 현재의 자리에서 열심히 노력해 훌륭한 사람이 되고 싶고, 통일이 되었을 때 남한과 북한을 이어 주는 징검다리 역할을 할 수 있는 그런 사람이 되고 싶습니다. 또한 헤어진 가족들과 만났을 때도 〈남한에 와서 노력하여 훌륭한 사람이 되었다〉라는 것을 당당히 보여 줄 수 있는 사람이 되고 싶습니다. 비록 그 과정이 힘들 수도 있겠지만 최선을 다해서 살아갈 것입니다.

3장

엄마도 가족이 있었다

내가 고향으로 돌아간다면

다음학교 김설

내가 어린 시절 살던 곳은 시골이다. 굳이 말하면 아름답고 아주 작은 마을로, 여기서 나는 어린 시절을 보냈다. 재미있는 놀거리는 없었지만, 지금까지 살아오면서 제일 여유로웠고, 어딘가 모르게 지금도 시골티가 나는 나를 만든 곳이다.

마을 앞에는 넓은 강이 있었다. 이 강은 묵은 빨래를 하고 목욕을 할 수 있는 마을의 명당이자 삶의 필수 공간이었다. 그리고 강은 아이들의 놀이터 중 하나였다. 장마철이 지나면 강물이 말랐고, 그럼 물속에 있던 물고기들이 갑자기 바닥이 드러나는 환경에 이러지도 저러지도 못했다. 그럴 때면 온 동네 아이들이 바짓가랑이를 걷어 올렸고, 진흙탕으로 뛰어들어 고기를 줍고 그물에 담았다. 많은 물고기를 들고 집으로 돌아가면, 엄마들의 잔소리는 끊이지 않았

다. 왜냐하면 동네에 강물이 줄어들어 빨래를 할 수 없는
상황이었고, 수도 시설은 있었지만 물은 나오지 않는 마을
이었기 때문이다. 엄마 입장에선 진흙탕에서 돌아온 아이
가 예쁠 리 없었다.

집 뒤에는 어린 내가 정상까지 오르기엔 높은 산이 있었
다. 산을 넘어야만 읍내나 유치원, 학교에 갈 수 있었다. 나
는 뒷산을 좋아했지만 혼자서는 무서워 오르지 못했다. 왜
냐하면, 산 중턱에는 이름 없는 무덤이 많이 있었기 때문이
다. 길을 지날 때마다 무덤에서 갑자기 누군가 튀어나와 끌
고 갈 것 같은 느낌이었고, 나는 항상 그곳을 뛰어서 지나
갔다.

하지만 이 산엔 내가 찾을 수 있는 많은 보물을 품고 있었
다. 봄이면 싱싱한 냉이와 민들레, 색깔이 예쁜 봄꽃, 산딸
기, 그리고 여름 향을 듬뿍 품은 과일들이 있었다. 털이 많
은 복숭아를 치맛자락에 벅벅 닦아서 한입 크게 뜯으면, 꿀
맛이 따로 없었다.

하지만 이렇게 아름다운 동네를 방문하는 사람은 거의
없었다. 특별한 소식도 별로 없었다. 어쩌면 외지 사람들은
이 마을의 존재를 몰랐을지도 모른다. 그러든가 말든가 마
을 사람들은 여유 시간이 생기면 늘 마을 입구에 모여 앉았

고, 새로운 얼굴이 나타나기를 기다렸다. 나도 덩달아 사람들을 따라 강가나 마을 입구로 가서 그들의 수다에 끼어들었다. 어른들은 자기 집안의 이야기를 하나둘 꺼냈다. 〈어제는 무엇을 지어 먹었고, 깻잎을 같이 볶았더니 맛있더라. 누구네는 어젯밤 싸우는 것 같더라…….〉 누구의 집에서나 있을 법한 일이었지만, 단어 하나의 차이만으로도 아주 흥미롭고 새로웠다.

간혹 마을 입구에서 인기척이 나면, 동공이 번쩍 뜨이면서 입구 쪽을 바라봤다. 어쩌다가 이웃 마을 사람이 동네 누구네 집을 찾아오면 온 동네 아이들이 그 사람 주위를 둘러쌌다. 그러고는 그 사람이 일을 다 보고 돌아갈 때까지 졸졸 따라다니다가 마을 입구까지 바래다주었다. 다음 날이면 그 사람을 보지 못한 사람들을 찾아다니며 자신의 언어로 알려 주었다. 그 사람들 중에는 나도 있었다. 화제 하나를 다 써먹으면 산 중턱으로 올라가 더 멀리 바라보며, 이 고요한 마을에도 계절이 아닌 또 다른 소식이 찾아오기를 기다렸다. 하지만 나는 항상 실망했다. 누구도 이 마을에 찾아오지 않았다. 외로워하는 나를 위로해 주는 것은 오로지 마을을 매일 맴돌고 있는 까치들이었다.

부엌에서 풍기는 음식 냄새와 엄마의 부름 소리에 문을

열어 보면, 흑백상간(黑白相間) 무늬의 까치 몇 마리가 멀지 않는 전깃줄에 앉아 있었다. 가끔 짖어 대는 〈깍 깍〉 하는 소리는 연통을 통하여 올라오는 연기 사이를 가로질러 산 중턱에 부딪혔고, 보이지 않는 나팔처럼 고요한 마을에 울려 퍼졌다.

까치들은 이 마을에 정착하여 마을의 이웃처럼 살고 있었다. 내가 특별히 까치를 부러워하는 이유는 까치들은 마을 밖으로 나갈 수 있는 날개를 가지고 있고, 밖으로 나가면 쉬이 돌아올 수 있기 때문이었다. 자전거는 사치였고, 있는 것은 양식을 나르는 소달구지밖에 없는 이곳에서, 저 날개를 통해 밖의 세상을 보고 돌아와 동료들과 속삭인다는 것은 정말로 세상 행복한 자유를 누리는 것이다.

〈언제부터 이 까치들이 여기에서 살기 시작했을까? 이 마을의 고요함이 안전감을 주었나? 여기 사람들이 선해 보여 안착해도 되리라고 믿었기에 여기로 왔나?〉 생각에 잠겨 한참을 쳐다보지만, 나를 경계하는지 아니면 호의의 인사를 하는지 내가 있는 쪽으로 몸을 기울였다. 까치는 부리를 전깃줄에 쪼아 대며 서로 속삭이는 듯했다.

예전부터 이 마을에는 아줌마들이 아이들을 달래기 위해 지은 많은 민담이 있었다. 그중에서도 내가 철석같이 믿는 것이 하나 있다. 까치가 누구의 집 앞에 있으면, 그날 그 집은 좋은 소식이나 귀한 손님이 찾아온다는 것이었다. 이 말을 믿기 시작한 계기는 모르겠다. 꼭 이유를 찾는다면 내가 그들의 예쁜 몸집을 그 고요한 아침에 처음으로 자세히 봤기 때문이었을까, 혹은 그들이 보고 온 세상을 함께 보고 싶은 마음 때문에? 또 아니면, 그들처럼 작은 몸체에 날개를 달고 함께 날아가고 싶은 마음 때문이었을까?

그때로부터 햇수로 20년을 넘긴 지금, 나는 종종 그곳으로 돌아가고 싶은 생각이 간절해진다. 확신하건대, 마을 사람들은 그곳에서 대대손손 살고 있을 것이다. 몇몇 어른들은 돌아가셨을 테고, 친구들은 어릴 적 모습이 없어졌겠지만, 아이들은 마을 입구에서 예전의 어른들 모습을 따라 여전히 새로운 사람들을 기다리고 있을 것이다. 그들은 나를 보면 얼마나 반가워할까! 서로 부둥켜안고 이리 보고 저리 보며, 서로서로 자기네 집에서 머물라고 권할 것이다. 내가 하는 말 한마디에도 신기한 눈빛을 줄 것이다. 푸짐한 저녁 식사 후, 함께 마을 입구에 둘러앉아 까치처럼 날개를 달고 나갔다가 돌아온 나의 이야기가 시작될 것이다.

내가 여기를 떠나 도시의 삼촌 집에서 살게 된 것부터 도시에서 알게 된 다른 나라 중국에서 고생하면서 살았던 이야기, 그리고 중국에서 공부했던 이야기, 그리고 까치보다 엄청 큰 날개를 가진 비행기를 타고 바로 밑에 있는 남조선으로 갔다는 이야기. 그리고 평양의 금수산 기념 궁전 같은 서울의 〈청와대〉 근처에서 살았었고, 거기에서 많은 유명한 사람들을 만났었다고. 하지만 지금은 서울에서 여기 사람들이 너무 그리워 이렇게 찾아왔다고 하면, 그들은 감동의 눈물을 흘리며 나를 안아 줄 것이다. 한참 동안 서로 부둥켜안고 눈물을 흘린 후, 그들은 나에게 이렇게 말할 것이다. 〈오늘 아침 마을에 유난히 많은 까치가 짖어 댔다!〉라고 말이다.

아빠! 우리 가족의 소원은 통일이죠?

서울 은정초등학교 6학년 송혜인

얼마 전, 경찰서에서 아빠한테 전화가 왔다. 〈2박 3일로 비무장 지대에 견학을 가는데 자녀분을 보낼 수 있습니까?〉 아빠는 핸드폰 수화기를 한 손으로 가리며 옆에 있던 나에게 물으셨다. 「혜인아! 이번에 양천경찰서에서 비무장 지대 견학을 간단다. 양천구 여러 초등학교에서 몇몇 학생들을 선발했다고 하는데, 가보고 싶어?」

나는 일단 반갑게 응했다. 일전에 「DMZ 공동경비구역」이라는 영화를 보며 〈저곳은 어떤 지역일까?〉 하고 궁금하기도 했고, 실제로 그곳이 존재한다고들 했다. 영화에서는 통일 전망대에서 멀리 북한 땅을 바라보며 여기서부터는 비무장 지대이고, 저기서부터는 남북 경계선, 또 저 멀리부터는 북한 땅이라고 알려 주었다. 통일 전망대에는 우리나라 국기가 펄럭였고 저 멀리 북한에는 북한 국기가 날렸다.

전망대 망원경으로 북한을 바라보는 관광객들은 북한 국기를 〈인공기〉라고 불렀다.

그러나 나는 잘 이해가 안 되었다. 영화를 보면서도 그랬고, 통일 전망대의 관광객이 북한 땅을 바라보며 신기해하는 모습도 어리둥절했다. 그 후 아빠가 남과 북은 하나의 나라이고, 지금은 비록 갈라져 있지만 통일이 되면 우리가 북한에 갈 수 있고, 북한 사람들도 한국에 자유롭게 올 수 있다는 이야기를 들려주셨다. 그런가 하면 우리 집 사진 속에서 보아 온 오빠도 북한에서 살고 있다고 알려 주셨다. 나는 아빠의 이야기를 들으면서도 실감이 나지 않았다. 비무장 지대가 비밀이 가득한 곳으로 느껴지기만 했다. 그러면서도 신기했고, 가보고 싶었다.

한편으로는 걱정도 많았다. 사실 한 번도 본 적 없는 다른 학교 아이들과 섞여서 2박 3일 동안 함께 자고 친하게 지내야 한다는 사실이 쉽지 않을 거라고 생각했기 때문이다. 처음 만나면 무슨 말부터 할까? 그다음에는 어떻게 친해지고 사이좋게 지낼까? 또 헤어질 때는 무슨 말을 하면 좋을까? 곰곰이 걱정거리들을 생각하다 보면 끝이 없었다. 그래도 일반 사람들은 아무나 못 들어가는 비밀스러운 곳에 내가 견학할 기회를 얻었다고 생각하면 들떴고, 그래서 그랬는지 걱정은 금세 잊혔다.

드디어 기다리고 기다리던 비무장 지대 견학을 가는 날이 찾아왔다. 나는 재빨리 어제 저녁에 준비해 놓았던 옷으로 갈아입었다. 그리고 가방에 챙겨 놨던 준비물 가방을 한 번 더 점검했다. 〈아 참!〉 물통이 빠져 있었다. 물통을 챙겨 가방에 넣고 아빠한테 준비가 끝났다고 알렸다.

아빠가 양천경찰서 후문까지 데려다주셨다. 그곳에 버스가 대기하고 있었다.

「잘 다녀오겠습니다!」 작별 인사를 하고 버스에 올랐다.

버스에는 10여 명의 아이들이 이미 탑승하고 있었다. 내게 지정된 의자 옆자리가 비어 있었다. 얼마 뒤 우리 학교에서 다른 학교로 전학 갔던 친구가 탑승하여 옆자리에 앉았다. 서로 안부를 주고받으며 반갑기도 했고 놀랍기도 했다. 〈이곳에서 아는 친구를 만나다니!〉 그 순간부터 마음은 몹시 설레었다.

버스가 출발했다. 조금 오랜 시간을 달려서 그랬는지 속이 울렁거리며 멀미가 날 것 같았다. 또 오랫동안 앉아 있어서 그랬는지 몸이 힘들어지는 느낌이었다. 참아야 한다는 생각을 하며 마음을 다독였다.

드디어 도착했다. 버스에서 힘든 시간 나의 의지로 견뎌 냈다는 생각을 하며 기지개를 펴고 한숨을 크게 쉬었다. 자신감이 절로 생기는 것 같았다.

모두들 자기의 짐을 챙겨 들고 버스에서 내렸다. 다들 낯선 곳이라 잠깐 어리둥절해하는데, 익숙한 인상의 아저씨 한 분이 학교 수련회 때처럼 우리를 반기며 맞아 주셨다. 아저씨는 주변 시설물들에 대하여 자세히 말씀해 주셨다.

이곳은 예전에 많은 사람들한테 사랑 받고, 인기 드라마로 관심을 끌었던 「태양의 후예」 세트장이라는 것이었다. 여기서 송중기, 송혜교를 비롯한 유명 배우들이 연기를 하며 드라마를 찍었다고 한다. 그런가 하면 이곳 비무장지대에서 많은 팬을 가진 김수현이라는 유명 배우가 군복무를 하고 있다고 알려 주셨다. 함께 온 아이들은 〈와~~!〉 하고 환성을 질렀다. 우리가 주의할 점도 가르쳐 주셨다. 김수현 배우가 보고 싶다고 찾으러 나가면 안 된다는 것이다. 여기는 군인 아저씨들이 경비 근무를 수행하는 비무장지대이기 때문에 매우 위험한 곳이라고 했다.

아저씨는 다른 분들과 함께 2박 3일 동안 북한에 대한 여러 동영상도 보여 주시고 재미있는 활동도 준비하여 우리들을 즐겁게 해주셨다. 우리는 북한 군대가 비무장 지대로 땅굴을 파고 들어왔다는 제3의 땅굴에 직접 들어가 보기도 하고, 망원경으로 북한 마을을 바라보기도 했다. 그러나 우리나라가 통일 되기 전까지는 오갈 수가 없다는 사실에 슬퍼지기도 했다.

숙소에 돌아와서는 슬픔을 달래 주려는 듯, 선생님들께서 정말 맛있는 밥을 해주셨다. 세 명당 치킨 한 마리씩 간식도 만들어 주셨다. 자유 시간도 30분, 또는 30분 이상씩이나 하루에도 여러 번 주셔서 정말 자유롭고 좋았다. 전학 갔던 친구와 조금 더 가까워졌고, 새로운 동생과도 대화를 주고받았다. 또 한 언니와 서로 인사를 나눌 수 있어서 정말 좋은 기회가 되었다. 나에게 이번 견학은 행복하고, 즐거웠고, 슬프기도 했던 잊지 못할 경험이었다. 버스를 타고 돌아올 때는 통일이 뭐기에 우리는 북한에 갈 수 없는지 아쉬운 마음이 잔뜩 들었다.

비무장 지대 견학을 마치고 돌아온 날 저녁, 아빠는 북한 평안남도 특산 음식이라며 〈닭고기 온반〉을 해주셨다. 갓 지은 밥 한 공기를 국그릇에 곱게 담고, 잘 익은 닭 가슴살을 졸깃졸깃 찢어 잘게 썬 파와 고춧가루를 고명처럼 올려놓았다. 따뜻한 닭고기 국물을 찰랑하게 부으면 평안남도 〈닭고기 온반〉이 된다. 이 북한 음식도 내 입맛엔 잘 맞는 것 같았다.

지금 북한 평안남도 덕천시에는 우리 오빠가 살고 있다. 덕천시 왼쪽에는 대동강이 흐른다. 그 대동강 물은 평양을 지나 남포 앞바다로 흘러간다. 특이한 것은 평양시의 대동강 물보다 덕천시의 대동강 물이 맑고 시원해 샘물처럼 마실 수 있다고 한다. 대동강 산책로에는 버드나무가 줄줄이 늘어서 있어 마치 푸르른 동굴 속 길을 걷는 기분이라고 아빠는 말씀하신다. 나도 통일이 되면 그곳에서 오빠와 손잡고 푸르른 동굴 길을 걷고 싶은 마음이 간절하다. 지금까지는 사진으로만 본 오빠였지만, 비무장 지대를 다녀 온 후부터 오빠 생각이 더 깊어지는 것 같다. 빨리 통일이 되면 얼마나 좋을까!

문득 〈아빠! 우리 가족의 소원은 통일이죠?〉 하고 묻는다.

「그럼, 우리의 소원은 통일이야!」

엄마도 가족이 있었다

한겨레고등학교 임예빈

나는 중국에서 태어났다. 부모님은 모두 북한 출신이다. 나는 북한에 대해 잘 모르지만, 북한의 영향은 항상 받고 있었다.

엄마는 어린 나이에 탈북을 했다. 엄마가 새로운 세상을 받아들이는 일은 분명히 어려웠을 것이다. 엄마는 한국에서 많은 기회를 만들고, 어려움을 견뎌 냈다. 엄마는 나를 위해서, 혹은 스스로를 위해서도 강해져야만 했다. 하지만 새로운 사회에서 살아 내기란 쉽지 않았을 것이다.

탈북한 분들은 다시 북한으로 돌아가고 싶지 않을 것이다. 하지만 엄마는 부모님을 뵙고 싶은 마음을 참지 못하고 북한으로 돌아갔다. 그러다 결국 잡혀서 감옥에 가고 말았다. 다행히도 엄마는 아버지의 도움으로 중국으로 다시 돌아올 수 있었다. 하지만 엄마는 후회하지 않으셨다. 나는 엄마가 북한으로 돌아가셨을 때 어떤 결심을 하셨는지 궁금했다. 그녀는 단순히 한국에서의 삶을 포기했을까, 아니면 예전의 삶으로 돌아가고 싶었던 걸까? 그것이 무엇이든 간에, 결정은 쉽지 않았을 것이다.

엄마와 같이 살게 된 후, 처음에는 둘이 같이 있는 시간이 행복하게만 느껴졌다. 하지만 시간이 지나면서 그동안 쌓여 왔던 미움들을 조금씩 표현하게 되었다. 그전에 외로운 환경에 익숙해진 우리에게는 행복하고 즐거운 시간이 많지 않았다.

이런 시간이 지나면서 엄마는 부모님을 더욱 그리워했다. 엄마를 보고 내가 깨달은 것은 엄마한테도 가족이 있었고, 부모님한테서 많은 사랑을 받고 자라 왔다는 사실이다. 엄마는 북한에서 부모님을 모시고 있었으면 더 행복했을지 모른다. 이제 엄마는 가족들을 다시 만날 수 없을까 봐 초조해한다. 그리고 가족들을 만날 수 있다는 확신이 점점 줄어들고 있다.

나는 엄마의 소원이 꼭 이루어졌으면 싶다. 엄마가 꿈속에서 몇 번이나 그리던 고향으로 돌아갈 수 있게 하고 싶다. 나 역시 친척들은 만난 적도 없고 서로의 모습조차 모른다. 그런 친척들에게 나의 존재를 알리고 싶다. 이런 이유로 나는 통일이 이루어지기를 희망한다. 요즘 남북이 평화로운 관계를 유지해서 통일의 가능성이 높아졌다. 내가 지금까지 믿고 꿈꿔 왔던 것이 결코 시간 낭비가 아니라는 것을 증명하고 싶다.

통일은 쉽게 이루어지지 않는다. 하지만 통일을 원하는 마음을 지키고 희망을 잃지 않는다면 우리에게는 언젠가 통일이 선물처럼 주어질 것이다. 우리의 소원은 곧 이루어질 것이다.

저에게 통일은

여명학교 2학년 김다율

안녕하세요? 여명학교 2학년에 재학 중인 김다율입니다. 제가 바라는 통일 이후의 삶을 여러분에게 들려주고자 합니다.

저는 북한에서 태어났지만 지금은 한국에서 한국 사람으로 지내고 있습니다. 저희 가족들은 여전히 북한에 남아있습니다. 제가 지금 보고, 먹고, 누리는 것들을 알 수 없으며 그 마음을 나눌 수조차 없습니다. 가족들과 사소한 일상을 공유할 수 없는 것은 무척 슬픈 일입니다.

뿐만 아니라, 가족들은 북한에서 하루 벌어 하루 먹어야 합니다. 굶는 날도 많고, 말실수라도 하면 잡혀 가는 불안 속에서 살고 있습니다. 또 하루아침에 헤어진 가족을 그리워합니다. 운이 좋아 연락이 된다 해도 그리운 마음을 전할 틈도 없이 한국에 있는 가족에게 도움부터 청할 수밖에 없습니다. 그 마음이 얼마나 서글플까요. 북한을 경험하지 못한 사람들은 상상조차 하지 못할 마음일 것입니다. 저에게 통일은 정치와 이념의 문제가 아닙니다. 가족이 만나는 일입니다.

통일이 되면 어떤 삶이 펼쳐질까요?! 아마, 한국 사람들은 고향의 옛 모습이 재현된 듯한 정겨운 풍경을 보게 되겠지요. 봄이면 일 년을 기다려 세상을 보는 예쁘고 귀여운 새싹을 보며 감탄할 것이고, 작은 산골짜기에서 졸졸 소리를 내며 내려오는 맑고 맑은 물줄기도 보게 될 것입니다. 입가에 미소를 지으며 산과 물과 공기에 〈북한아 안녕?〉 하며 정을 줄 수밖에 없을 것입니다.

또한 북한 사람들은 한국에 있는 가족들과 상봉하여 한국의 발달한 공장과 회사와 도로와 아파트 등 여러 것들을 볼 것입니다. 〈이것이 꿈인가 생시인가? 꿈이라면 깨나지 말아다오〉 하고 감탄하며, 가족과 남은 이 생 행복하게 지내는 일만 꿈꾸며, 우리의 통일을 귀하게 여기겠지요. 지난날 고생은 했지만 그날의 행복을 감사히 여기며 감동하겠지요.

제가 꿈꾸는 이런 날이 하루빨리 오기를 간절히 바랍니다.

어느 날의 평범한 방송

다음학교 이가람

안녕하십니까. 〈NEW KOREA〉 방송국 뉴스입니다. 어느 덧 통일이 된 지 1년이 지나고 있습니다. 70여 년 분단의 고통을 끝내고 다시 하나가 되었지만, 서로의 다름으로 인해 한 해 동안 수많은 편견과 오해가 있었습니다. 동시에 한반도에는 엄청난 긍정적인 변화들이 일어나고 있습니다. 먹고 울고 자는 것밖에 할 줄 모르던 신생아도 한 돌이 되면 제법 발걸음을 뗄 정도가 된다고 합니다. 우리 통일 한반도도 곧 한 살이 됩니다. 돌 된 아기는 발걸음을 떼기 시작하지만 한 살 생일을 맞는 한반도는 뛰어다닐 수도 있을 것 같습니다. 남과 북이 한 몸이 된 거인의 두 발처럼 오른발 왼발이 따로 없이 완벽한 균형을 맞춰 달리기 시작했습니다. 그동안 한 발로 힘겹게 서 있던 남과 북. 이제 두 발이 어떻게 한 몸의 다리가 되어 가는지 통일 현장에서 일하면서 통일 한국의 변화를 체감하고 계신 세 분을 모시고 이야기를 들어 보겠습니다.

기자 안녕하세요. 자기소개와 함께 통일 현장에서 경험한 진솔한 이야기를 전해 주시기 바랍니다.

김미래 네, 안녕하세요. 저는 〈배려와 존중〉 초등학교에서 컴퓨터 교사로 일하고 있는 김미래입니다. 어느 날 저는 학생들과 수업을 하다가 교실 맨 뒤쪽에서 세 명의 학생이 다투고 있는 모습을 보게 되었습니다. 저는 그때 무슨 영문인지 알아보기 위해 싸우던 학생들을 일으켜 세워 어찌된 일인지 물었습니다. 하지만 저의 예상과는 달랐던 대답에 저는 그들 모두를 안아 주어야 했습니다.

　그들의 대답은 이러했습니다. 북에서 자란 친구가 칠판 앞에서 컴퓨터에 대한 기초를 가르치고 있는 제 설명을 이해하기 힘들어했다는 것입니다. 그러자 양쪽에 앉았던 남에서 자란 두 친구가 서로 자기가 북한 출신 친구의 이해를 돕겠다고 자원해 나섰던 것입니다. 돕고 싶은 서로의 마음을 억누를 수 없어 결국은 다툼으로 이어진 것입니다. 각자의 사랑이 너무 커 스스로를 주체할 수 없어 몸부림치는 어린 그들이 너무나 대견하고 사랑스러웠습니다.

박통일 안녕하십니까, 저는 〈이해와 공감〉 문화센터에서 일하고 있는 사원 박통일이라고 합니다. 저의 문화센터에서는 그동안의 문화 차이를 극복하기 위한 다양한 활동들을 하고 있습니다. 우리 센터에서는 남과 북의 사람들이 합심하여 한 팀으로 나아갑니다. 처음에 팀 활동을 시작했을 때에는 이미 각인되었던 편견들 때문에 서로의 선한 행동에도 불구하고 오해부터 했습니다.

예를 들어 어떤 북한 출신 분이 아침 일찍 출근하여 일터를 미리 청소해 놓으면, 아직 자본주의의 물이 덜 들어서 착한 척한다고 비꼬는 일부 남한 출신 분들이 있었습니다. 또 어떤 남한 분이 그날 회의에 대해 북한 분의 이해를 돕기위해 추가적인 설명을 해주려고 하면 배우지 못한 것이 많다고 우습게 보는 건 아닌가 하여 북한 분들이 아쉬움을 표현하기도 했습니다.

하지만 우리 센터는 이제 하나가 되었습니다. 남이나 북의 출신을 따지지 않고 서로를 〈우리〉라고 부릅니다. 처음엔 웃기고 신기했던 서로의 말투도 배우고 사투리라 비웃던 북한 사투리/남한 사투리 등의 표현도 평양말/서울말이라는 아름다운 말로 바꾸어 사용합니다. 함께 양쪽 지역의 음식을 만들어 먹으며 문화 차이를 줄일 수 있는 방법을 모색하기도 합니다. 그렇게 우리의 멀었던 사이를 좁혀 가면서 이제는 차이라는 말이 무색할 정도로 친근함을 자랑하고 있습니다.

최한국 안녕하세요. 저는 〈사랑과 봉사〉 통일 경제부에서 일하고 있는 최한국입니다. 지금 우리나라의 많은 경제학자들은 우리 경제가 몇 년 후면 2,000여 년 이래 최고의 성장을 이룰 것이라고 예측하고 있습니다. 북쪽의 개발되지 않은 지하자원과 남한의 경쟁력 있는 기술력이 환상의 조합을 이루어 세계의 경제 낙원으로 으뜸 설 것으로 예상합니다. 이 외에도 국방비로 들어가던 막대한 자금이 세계 사회의 노약자와 빈곤층을 위한 복지에 쓰이고 있습니다. 총구를 마주하고 국방을 지키기에 바빴던 청년들이 무기 대신 서로의 손을 잡고, 증오 대신 사랑을 배우고 있습니다. 청년들은 남북의 장벽을 무너뜨리고, 더 나아가서 지구촌의 모든 장벽을 없애고 평화로운 세계를 만들기 위해 준비하고 있습니다.

기자 아, 네! 정말 놀랍습니다. 1년이라는 길지 않은 시간에 이렇게 많은 변화가 있을 줄 그 누가 알았겠습니까. 통일을 준비하면서 우려했던 그 많은 문제들이 결국에는 이해와 사랑이라는 단어에 용해된 것 같습니다. 그 무엇도 하나된 통일 한국의 성장을 막을 수 없을 것 같습니다. 좋은 말씀 잘 들었습니다. 감사합니다.

이 외에도 통일 한국에는 많은 좋은 일이 생기고 있습니다. 오랫동안 부모, 형제, 친구와 떨어져 살아야 했던 가족들이 재상봉의 행복을 만끽하고 있습니다. 그동안 갈 수 없었던 북한 땅을 마음껏 여행하고, 얼마 후에는 북을 지나 기차로 시베리아 횡단을 할 야심 찬 계획을 준비하고 있는 사람들도 있습니다. 한편 모두가 행복을 즐기는 동안 정부에서는 새로운 나라에 맞는 새로운 법을 만들기 위해 골머리를 앓고 있습니다. 어떻게 하면 더 좋은 나라가 될지를 고민하는 가장 의미 있고 귀중한 시간입니다.

이상 오늘의 뉴스였습니다. 내일도 기적의 소식 기대하시고, 함께하여 기적을 창조하는 모두가 되기를 소망합니다. 지금까지 〈NEW KOREA〉의 이가람이었습니다.

우리 엄마의 고향, 개성

서울 은정초등학교 5학년 백규빈

나는 통일이 된다면 엄마의 고향인 개성에 가고 싶다.

엄마는 개성에 대해 자주 말씀하신다. 내가 아주 어려서 부터 항상 자신의 무릎에 나를 앉혀 놓고 개성에 대해, 고향에 대해 말씀하시곤 했다. 그럴 때면 엄마의 눈가에는 촉촉한 눈물이 맺혔다. 그러는 엄마의 심정을 어릴 때는 이해하지 못했지만, 커 가면서 조금은 알 수 있을 것 같다.

개성은 가보고 싶어도 가볼 수 없는 슬픈 땅이다. 엄마는 개성이 다른 북한 지역보다 크기는 작아도 참으로 아름답고 깨끗한 도시라고 했다. 그곳에는 나의 혈육인 쌍둥이 형들과 외삼촌, 이모, 외사촌 누나들이 살고 있다고 했다. 엄마는 개성에 있는 외가 친척들에 대해 말씀하실 때마다 눈물을 흘리신다. 그래서인지 비록 한 번도 보지 못했지만, 형들과 친척들이 사무치게 그리울 때가 많다. 정말 많이 많이 보고 싶다. 하루빨리 그들을 만나서 좋은 옷도 사주고, 맛있는 음식도 함께 먹으면서 혈육의 정을 나누고 싶다.

엄마는 개성의 명소에 대해서도 자주 말씀하신다. 개성 중심지에는 옛 모습 그대로인 남대문과 어머니 산으로 불리는 송악산이 있다. 고려 문화유산의 하나인 고려 성균관, 삼복더위에 모래찜으로 병을 고친다는 삼댐, 용수산, 선죽교, 땅굴 등 유명한 곳이 아주 많다고 한다.

엄마는 개성이 예로부터 인삼으로 유명했다고 한다. 인삼은 개성 지역의 특산품으로 한반도에서 재배되는 인삼 중에서도 효능이 최고로 좋다고 했다. 개성 지방의 토질과 수질, 기후 조건이 인삼 재배에 적합하고, 독특한 재배 방법과 가공법으로 예로부터 약효가 우수했다고 한다.

또한 개성은 음식을 잘하는 지역으로 유명했다고 한다. 개성 사람들은 추어탕, 설렁탕, 보쌈김치, 신선로, 경단, 식혜, 약과, 약식 등 개성 있는 음식을 잘 만들었고, 명절이나 집안에 경사가 있을 때 혹은 귀한 손님이 방문했을 때 대접했다고 한다. 그래서인지 엄마가 해주는 요리는 다 맛있다. 엄마가 제일 잘하는 음식은 보쌈김치와 식혜다. 엄마가 보쌈김치를 할 때면 우리 집은 정말 명절 분위기다.

엄마가 하는 보쌈김치는 여느 집 김치와 다르다. 개성 보쌈김치는 먼저 통배추를 가로로 두 토막 낸다. 그런 다음 배추 갈피에 쇠고기, 낙지, 북어, 참나무버섯, 밤, 잣, 무, 고춧가루 등으로 정성 들여 만든 양념을 넣고, 배춧잎으로 싸서 독 안에 차곡차곡 넣는다. 맛있는 보쌈김치를 하는 날, 엄마 친구들이 와서 일손 거들어 주고 김치를 한 통씩 가져간다. 이웃들과 나누어 먹는 것이 엄마의 사는 재미이자 기쁨인 것 같다.

엄마는 식혜도 아주 맛있게 하신다. 마트에서 파는 식혜는 식혜도 아니다. 엄마의 식혜를 맛보고 사람들은 어떻게 만들기에 이렇게도 맛있는지 물어본다. 나만 아는 우리 엄마의 비법이 있긴 하다. 그럴 때마다 엄마는 웃으시면서 금방 만들어 주신다. 엄마의 마음 씀씀이는 정말 좋다. 예로부터 개성 깍쟁이라는 말이 있다고 하는데, 이 말은 거짓말인 것 같다.

개성에는 세계가 다 아는 유명한 개성 공단도 있다. 지금은 문이 닫혔지만 한때는 남북한 사람들이 다 함께 모여 같은 공간에서 일을 하는 통일 지역으로 이름이 높았다. 개성 공단이 재개되어 다시 열리기를 희망한다. 통일이 되어 개성 공단처럼 남과 북의 우리 동포들이 함께 모여 살면 얼마나 좋을까! 생각만 해도 마음이 설렌다.

여기 서울에서 개성까지는 불과 1시간 30분밖에 걸리지 않는다. 고향을 눈앞에 두고 가지 못하는 우리 엄마를 보면 마음이 너무 아프다. 하루빨리 통일이 돼서 새카만 나라인 개성에 전기를 보내어 우리 형들이랑, 외삼촌이랑 밝은 곳에서 살게 해주면 정말 좋겠다. 당장 통일은 힘들다 해도 왕래라도 되어 우리 엄마라도 먼저 보내서 형들과 이모들을 만나게 해주면 좋겠다. 우리 엄마가 너무 불쌍하다. 남한과 북한 학생들이 함께 앉아 공부도 하고 체육도 하고 오락도 하면 너무 좋을 것 같다. 그날이 올까, 온다면 언제 올까?

분단의 장벽을 깨고 서로 얼싸안고 춤출 그날이 빨리 왔으면 좋겠다.

나는 확신한다. 반드시 통일이 될 것이라는 것을. 나는 학생의 본분인 공부를 열심히 하여 조국 통일의 위업에 작은 힘이나마 보태고 싶다.

평범한 소녀 이야기

한겨레고등학교 3학년 성소희

안녕하세요, 저는 한겨레고등학교 3학년에 재학 중인 평범한 고등학생입니다. 2013년에 탈북을 하다 한 번 북송되었고, 2014년 11월에 한국에 왔습니다.

한국에 처음 왔을 때 저는 열네 살이었습니다. 북한에서는 시집을 가도 될 정도의 나이였지만, 한국에서는 갓 초등학교를 졸업한 곧 중2병에 걸릴 나이였습니다.

많은 어려움과 상상하기 힘든 고생을 하고 한국에 도착했을 때, 저는 마치 엄마 배 속에서 갓 세상으로 나온 신생아 같았습니다. 너무나도 다른 환경에서 태어나서 자랐고, 한국 사회에 대해서는 아는 것이 아무것도 없었기 때문입니다.

그렇게 처음 한국에 와서 하나원에서 3개월을 보내고 아빠가 사는 집으로 오게 되었습니다. 하나원에서 나온 후,

저는 바로 집 근처 초등학교 6학년에 입학했습니다.

당시 중1 나이에 초등학교 6학년을 다녔는데, 처음에 소개할 때 나는 북한에서 왔다고 이야기했습니다. 그랬더니 북한에서 온 것이 생소하고 신기했는지 많은 아이들이 관심을 보였습니다. 그런데 그 관심은 전학을 온 아이여서 받는 관심이 아니었습니다. 낯선 북한에서 온 아이여서 받는 관심이었고, 그렇게 오래가는 관심은 아니었습니다. 마치 동물원의 원숭이가 된 기분이었습니다. 학교 아이들이 거의 졸업할 시기여서 그랬는지 모르겠지만, 이미 똘똘 뭉쳐진 아이들 사이에서 친해지기는 너무 어려웠습니다. 색안경을 끼고 보는 아이들도 있었고, 은근한 따돌림도 당했습니다.

그렇게 힘들게 생활할 때 가장 힘들었던 점은 제 주위에 아무도 없다는 사실이었습니다. 그때 정말 너무나도 북한에 돌아가고 싶었습니다. 고향이 그립고 엄마가 보고 싶었습니다. 북한에서 살 때는 스트레스라는 개념을 몰랐습니다. 먹고 자고 일하고, 그냥 먹고 살아 있기만 하면 되었습니다. 딱히 받을 스트레스가 없었습니다. 안 그래도 환경이 달라져서 힘들었던 저에게 한국 사회는 먹고 자고 입는 것이 아닌, 정신적 스트레스로 다가왔습니다. 처음에는 호기심으로 다가왔던 아이들이 어느새 변해 있었고, 저는 그들이 제가 북한에서 와서 따돌린다고 생각했습니다. 당시 저는 머릿속으로 한국은, 남조선은 편견이 많고 같이 놀아 주지도 않는구나 하고 생각했습니다. 물론 북한에서도 주로 노는 친구들끼리만 놀면서 무리 지어 다니는 일은 있습니다. 하지만 아이들 사이에 따돌림 같은 것은 없었고, 핸드폰도 없어서 서로 잘 어울리며 놀았습니다. 여기처럼 친구 문제로는 스트레스가 없었습니다.

한편으로 저는 분명 북한에서 남조선 동무들은 못 먹고 못 살며 배고픔에 굶주린다고 배웠는데 제가 본 한국은 그렇지 않아서 많이 당황스러웠습니다. 그리고 북한에서는 공부를 무조건 해야 한다는 그런 관념이 없었는데, 한국에 와서 보니 학생들이 공부에 찌들어 살고 있었습니다. 계획된 틀에 맞춰 대학에 가기 위해 어릴 때부터 힘들게 사는 것을 보니, 안쓰럽고 마음이 아팠습니다.

저는 한국에 대해서 부정적인 생각을 가지고 있거나 편견을 가지고 있는 사람은 아닙니다. 하지만 다시 돌아갈 수 없는 강을 건너 버린 저에게는 이곳이 너무 불행하게만 느껴지고, 마치 보금자리를 잃은 새와 같이 자꾸만 둥지로 가고 싶습니다. 예전에도 그랬고 지금도 그렇고 앞으로도 그

릴 것 같습니다.

한편으론 저의 이런 마음들이 시간이 갈수록 무뎌지는 것 같아 두렵기도 합니다. 아무리 현실에 적응하고 환경에 적응해 살아가야 한다지만, 저는 고향을 그리워하는 마음이 변해 버릴까 봐 가끔은 정말 두렵습니다. 왜냐하면 저는 고향에 대한 마음이나 엄마를 그리워하는 마음은 내가 아무리 괴롭고 힘들더라도 그대로 느끼며 아파하고 싶기 때문입니다. 그런데 참 웃기게도 같은 환경이 반복되다 보면 그 상황에 무뎌지고 적응하는 것이 사람이란 사실을 깨닫습니다. 그래서 어떤 때에는 조금이라도 내 자신이 행복해지려고 하면 스스로를 다시 불행 속으로 집어넣곤 합니다.

정말 그러고 싶지 않은데 엄마를 두고 온 딸로서 행복할 자격이 없다고 생각하고, 그럴 때마다 통일이 되었으면 하고 간절히 기원합니다. 저는 진짜 이런 저의 생활이 너무나도 괴롭고 아파서 살고 싶지 않은 때가 많습니다. 통일은 언제쯤 되려나 싶고, 통일이 되어 이 어둠속에서 하루빨리 저를 구해줬으면 싶습니다.

저는 그렇게 거창한 통일을 꿈꾸는 것도 아닙니다. 북한과 남한이 휴전선을 없애고 한 나라 한 땅, 한 개의 국가가 되는 것을 바라지도 상상하지도 않습니다. 두 나라가 하나가 되는 것은 세상모르고 모든 것이 아름다워 보였던 어릴 때에나 꿈꾸었던, 어디까지나 상상으로만 남은 꿈입니다.

저는 두 나라가 꼭 하나로 합쳐지진 않더라도 그냥 서로 교류하고 왕래할 수 있었으면 하는 바람뿐입니다. 통일이 라는 단어가 저희에게 굉장히 큰 의미를 지니고 있고 어떻 게 보면 거창하게 들릴 수도 있겠지만, 진심으로 마음먹고 우리 민족이 한마음 한뜻이 된다면 그냥 거창한 단어일 뿐 이라고 생각합니다.

저는 정치인도 경제적으로 부유한 사람도 유명한 사람 도 아닙니다. 그저 북에 계신 어머니, 몸이 편찮으신 사랑 하는 나의 어머니, 죽기 전에 그 어머니 얼굴 한 번 보는 것 이 소원인 평범한 소녀입니다. 태어나서 단 한 번도 전하지 못한 〈사랑한다〉는 말……. 통일이 되거든 그 한마디를 꼭 하고 싶은, 따뜻한 엄마 품에서 펑펑 울고 싶은 평범한 소 녀입니다.

4장

돌의, 그려 보기

살맛 납니다

장도초등학교 정연수 학생의 엄마

저는 장도초등학교에 다니고 있는 정연수 학생의 엄마입니다. 중국에서 한 8년 동안 살았고 2015년에 한국에 입국했습니다. 저의 딸은 2018년에 중국에서 데려왔습니다.

중국에서 출생하여 중국어밖에 모르는 아이가 어떻게 일반 학교에서 잘 정착할 수 있을까 걱정스러웠고, 혹시 아이가 도중에 힘들어 학교에 안 가겠다고 할까 봐 늘 걱정이었습니다.

저 역시 이 사회에 정착하느라 바빴고, 그 와중에 아이까지 학교에서 한국말을 몰라 힘들어 하는 것이 눈에 보여 가슴이 아팠습니다. 이 땅에는 친척도 혈육도 하나 없이 나 혼자 모든 일을 스스로 헤쳐 나가야 했습니다. 하지만 아무것도 모르니 하루하루 사는 것이 힘들었습니다.

힘든 중에도 아이만 바라보며 살았고, 딸의 웃는 모습에서 삶의 희열을 느꼈습니다. 하지만 아이가 힘들어 할 때는 억장이 무너지는 것 같았습니다. 속상하고 힘들 때마다 통일 전담 교육사 선생님을 만나 안타까운 심정을 털어놓았고 딸 문제뿐 아니라 저의 정착 문제까지도 하나하나 상담을 받았습니다. 그러면 마음이 조금 후련해졌고 무엇이든 할 수 있다는 신심이 생겼습니다.

어느 날 아이가 학교에 갔다 와서 수학 문제를 풀면서 잘 모르겠다고 제게 도움을 청했는데 저 역시 몰라서 가르칠 수가 없었습니다. 그래서 통일 전담 교육사 선생님께 도움을 요청했고 매주 화요일, 수요일마다 오셔서 수학 문제를 직접 가르쳐 주셨습니다. 수학이 어려워 공부에 취미를 붙이지 못했던 딸은 어느 날부터 공부에 자신감이 생겨 우울하던 표정이 점차 밝아졌습니다. 아이가 자신감을 갖고 덧셈, 뺄셈을 하는 모습을 보니 마냥 행복했고 교육사 선생님께 그저 고마운 마음뿐입니다.

혈육도 없고 친척도 하나 없는 저 같은 사람에게 이렇게 내 편이 되어 주시고, 저 같은 사람을 알아주시고 손잡아 이끌어 주시니 지금은 살맛 나는 것 같습니다.

처음에는 이 사회에서 아무것도 아는 것이 없고 무엇이든 하려고 하면 모르는 것 천지였습니다. 정말 하루하루 살아가는 것이 막막하고 사는 게 희망이 없었습니다. 특히 북한 사람이라고 남한 사람들이 편견을 가지고 대하는 것 같아 스스로 열등감에 빠져서 늘 당당하지 못했습니다. 그러는 저를 손잡아 이끌어 주시고 학부모 동아리 부회장으로 내세워 주셨습니다. 한국 엄마들도 부회장 엄마라고 불러주니 별것은 아니지만 어깨가 으쓱해지기도 합니다. 부회장을 못 한다고 마냥 거절할 때 할 수 있다고, 어깨를 쭉 펴고 당당하게 해보라고 교육사 선생님은 늘 옆에서 격려해 주셨습니다.

학교에 이런 분들이 계셔서 저는 너무 좋습니다.

아플 때는 함께 아파해 주고 힘들 때는 용기를 불어넣어 주고 즐거울 때는 누구보다도 함께 기뻐해 주는 동반자, 아니 스승이 있어 나는 이 세상도 살맛 나는 것 같습니다.

울어도 괜찮아!

서울초등학교 통일 전담 교육사 곽수진

탈북 학생들을 가르치면서 예견치 않게 상담해야 할 때가 많다.

원하든 원하지 않든 학생들은 자기가 나서 자란 고향을 뒤에 두고 부모나 친인척들의 손에 이끌려 한국으로 오게 된다. 서울초등학교에서 통일 전담 교육사로 근무하고 있는 나도 북한에서 교원을 하다가 자유를 찾아 대한민국으로 오게 된 북한 출신 교사다. 어느 날, 방과 후 수업 시간에 한국어를 가르치는데, 도협이라는 친구가 공부를 하다 말고 엎드려 울기 시작했다. 중국 출신 아버지와 북한 출신 어머니 사이에서 태어난 제3국 출생 탈북 학생이다.

「선생님, 한국어가 너무 어려워요. 엉엉~~」

나는 갑작스러운 아이의 행동에 당황스러우면서도 공감이 갔다. 나도 목이 꽉 메기 시작하면서 선뜻 위로의 말을 찾지 못했다.

도협이는 작년에 중국에서 살다가 엄마와 함께 한국으로 왔다. 내가 그랬듯이 그도 한국에 도착하여 모든 것이 눈부시고, 처음 보는 신기한 것이 너무도 많아 어리둥절했을 것이다. 하지만 눈부심과 호기심도 잠시, 그에게는 어려운 것이 더 많았다. 친구도 새로 사귀어야 했고, 규정된 교칙대로 학교생활을 새로 시작해야 했다. 그보다도 한국어 공부를 하는 게 큰 어려움이었을 것이다.

중국어를 유창하게 하던 도협이는 한국어는 한마디도 하지 못하고 수업 시간에 쩔쩔맸다. 한국어로 어쩌다 한마디 겨우 하는 그의 서툴고 이상한 억양에 아이들은 키득키득 웃었다. 다문화에 아직 익숙하지 못한 현실 앞에서 도협이는 어쩔 수 없이 놀림의 대상이 되고 말았다. 하지만 힘들다고 포기하거나 회피할 문제가 아니라 스스로 반드시 넘어야 하는 큰 산이었다. 다만, 선생님과 학부모가 어떻게 도와주는가에 따라 높은 산을 쉽게 넘을 수도 있고 힘들게 넘을 수도 있을 것이다.

얼마나 힘들었으면 저렇게 서럽게 울랴 싶어서 한동안 나도 침묵으로 그의 등을 토닥토닥 해주었다.

「도협아, 울고 싶으면 실컷 울어도 돼.」 이럴 때는 차라리 실컷 울면 속이 후련해지고 마음의 위안이라도 되기에 한마디했다.

바꿔 놓고 생각해 보라. 한국어밖에 모르던 당신이 어느 날 이민을 가서 중국어로 수업하는 교실에 앉아 중국어 공부를 하는 상상을 해보라. 이민자의 설움이 이런 것이겠구나 하는 생각에 마음은 마냥 무겁기만 했다.

그날로 퇴근길에 도협 어머니를 만나러 가정을 방문했다. 도협 어머니는 북한에서 나서 자랐지만 정든 고향을 뒤에 두고 살길을 찾아 강을 넘어 중국으로 갔다. 중국에서도 남의 집에 시집이라는 명목으로 강제로 팔려 갔고, 지금의 남편과 몇 년간 살았다고 한다. 함경도 사투리와 억양이 그대로인 어질고 순박한 말투로 어머니는 수줍게 나를 맞아 주었다. 학부모의 눈물겨운 탈북 스토리와 중국에서 도망자 신세로 살아야만 했던 드라마 같은 이야기는 그녀만의 사연이 아닌 우리 탈북민들의 피눈물의 역사여서 많은 것이 공감되는 시간이었다.

학부모 역시 한국 사회에 아이와 함께 적응해야 하는 동시에 가정의 생계를 책임져야 했다. 도협 어머니는 자신부터 한국에 적응하기 힘든 상황이었다. 사실 아들을 돌볼 여력도 없었다. 게다가 북한에 고향을 둔 학부모들은 교사를 무조건 신뢰하고 교사에게 자녀를 푹 맡기는 것이 일반화되어 있었다. 반면 아이의 학업 수준에 비해 학부모의 기대치가 너무 높은 것도 사실이었다.

보통 학부모들은 〈내가 널 위해 목숨을 걸고 탈북을 했다〉, 〈어려운 상황 속에서도 너를 데리고 왔다〉라고 하면서 자녀의 높은 성취에 대한 기대를 일방적으로 드러내기도 한다. 그들은 자녀의 학교 교육을 위해 학부모인 자신이 적극적인 역할을 해야 한다는 것에 대한 이해가 부족했다.

나는 도협 어머니에게 한국의 교육 시스템과 학부모의 역할에 대해서 하나하나 알기 쉽게 설명해 주었다. 한국은 북한과 다르다. 교사를 믿고 자녀를 맡기는 것은 좋지만 자기 아이는 자기가 책임져야 한다. 교사는 학교 교육을 맡는 교사일 뿐, 아이에 대한 모든 것을 책임지는 것은 아니다. 또한 학부모는 내 아이의 마음을 들여다볼 줄도 알아야 한다. 한국어를 모른다고 무작정 무섭게 굴고, 야단만 칠 것이 아니라 낮은 점수를 받았어도 칭찬과 격려와 함께 자녀의 눈높이에 맞는 가정교육도 적절히 진행해야 한다.

담임선생님과도 무릎을 마주했다. 선생님께서도 도협이의 안타까운 사연을 들으시면서 힘껏 돕겠노라 약속했다. 다음 날부터 그는 수업 시간에 도협이를 세심하게 살피면서 수업을 진행했다. 우선 한없이 낮아진 도협이의 자존감을 높이는 데 관심을 돌렸다.

선생님은 수업 시간에 단어를 가르치면서 〈애들아, 이 단어를 중국어로 말할 수 있는 친구 손 들어 봐〉라고 했다. 그러자 도협이가 혼자 손을 번쩍 들었다. 그가 유창한 중국어로 목소리를 높여 큰 소리로 말하자 애들은 눈이 휘둥그레져서 부럽게 바라봤다. 동시에 선생님은 외쳤다. 「와우~ 도협이가 중국어를 정말 잘하네요. 박수!」

선생님의 칭찬에 학생들은 자신들의 경솔함을 후회하며 한마디씩 사과했다.

「도협아, 미안해. 다신 놀리지 않을게.」

「도협아, 우리에게 중국어 좀 가르쳐 줄래?」

「그래, 오늘부터 우리 같이 놀자.」

나도 교단에서 수년을 교사 생활을 해서 잘 안다.

교실에서 학생 한 명 한 명을 배려하면서 전체적인 교육을 진행한다는 것은 결코 쉽지 않다. 선생님들의 수고가 헤아려졌다.

학교에는 도협이 같은 아이들이 많다. 아이들 중에는 북한에서 온 친구도 있고, 중국에서 온 친구, 한국에서 태어난 탈북 가정 친구들도 있다. 그들은 국어, 수학을 공부하기 힘들어하고, 친구를 사귀기 어려워 울기도 한다.

엄마는 의과 대학을 가야 한다고 공부를 강요하지만 아이는 요리사가 되고 싶다고 우는 학생도 있다. 엄마 아빠가 싸우는 모습을 보고 학교에 와서 우는 아이도 있다. 그런 친구들은 심리 상태가 불안정해져 수업에 참여하기를 꺼린다.

도협 어머니와 같은 학부모도 있다. 그들은 공교육의 시스템을 모르고 있으며, 자녀의 고민을 어떻게 헤아려 보며 가정교육을 해야 하는지 잘 모르고 있다. 다른 집 애들이 수학 학원, 피아노 학원에 다닌다고 내 아이도 무작정 보내고 있다.

나는 학부모와의 상담을 통해 유난히 높은 그들의 자존심을 될수록 건드리지 않으면서 설득과 인내심으로 제기되는 문제를 하나하나 해결하고 있다. 보통 어머니들은 항상 시간이 없다고 하신다. 〈사는 게 바빠서〉, 〈일하느라 시간이 모자라서〉라고 하면서 학부모 상담 주간에도 신청하는 학부모들이 드물다. 그런 학부모들에게는 찾아가는 학부모 연수를 진행한다. 가정교육에 도움이 되는 필요한 도서를 나누어 주고, 자녀 교육에 필요한 정보를 주기도 하면서 자연스럽게 고충 상담도 진행한다.

사실 우리 탈북 학부모들은 일반인의 불편한 시선과 생활 변화의 적응이라는 이중의 무게로 한국 사회에 심정적으로 안착하지 못하고 있다. 탈북 학부모들의 사회 부적응은 고스란히 자녀들에게 영향을 미친다. 학생 문제는 학부모 문제이다. 〈가화만사성〉이라고 하지 않는가.

탈북 학생들과 학부모가 한국에서 부적응자로 살아가는 데는 우리 사회에도 책임이 있다고 본다. 북한에서 왔다는 한 가지 이유만으로 탈북민들을 이방인 취급한다. 이미 우리나라가 탈북 가정을 비롯해 세계인이 함께 모여 사는 다문화 사회로 진입했는데도 말이다. 안타까운 현실이다. 언어와 억양이 좀 다르다고 이상하게 바라보거나 무시한다면 도협이와 그의 어머니 같은 탈북 가정은 언제 이 사회의 당당한 일원이 될 수 있겠는가.

우리는 서로의 다름을 인정하고, 배려하면서 다양성을 가진 새로운 통합의 시대로 나아가야 한다. 도협이 같은 탈북 청소년들에게 용기와 힘을 실어 달라. 이들이 더는 부적응에 울지 않도록 도와 달라. 한국어 발음이 좀 서툴어도 이해하자. 우리가 그들을 그냥 바라봐 주고, 기다려 주는 것만으로도 안정적인 적응에 도움이 된다. 어찌 알겠는가,

이들이 커서 통일 미래의 주역이 되어 대한민국을 이끌어 나가게 될는지.

탈북 학생들을 우리 사회의 통합된 일원으로 적응·성장시키고 통일 미래 맞춤형 인재로 육성하는 것이 우리 교육의 마땅한 비전이자 목표다.

나는 남과 북의 교육을 다 경험한 NK 출신 교사로서 높은 사명감을 가지고 일하고 있다. 이 글을 마감하면서 탈북 가정 학생 한 명 한 명을 이 나라의 주역으로 키우는 데 많은 노고와 심혈을 기울이시는 모든 선생님들에게 아낌없는 찬사와 감사의 인사를 드린다.

내가 가는 길

인천 장도초등학교 통일 전담 교육사 강미래

제가 장도초등학교에서 근무한 지도 7년이 되어 갑니다. 그동안 일곱 번이나 학생들이 졸업했습니다. 지금도 학부모님들과 연락을 종종 주고받고 있습니다. 누구는 어느 대학에 갔고, 누구는 직업학교에 갔고, 누구는 졸업하자마자 치킨 알바를 한다고……. 우리 아이들이 잘 정착해서 어엿한 성인으로 성장하는 모습을 볼 때마다 새삼 교육의 힘이 대단하다고 느낍니다.

나는 북한에서 사범대학을 졸업하고 고등중학교에서 10년간 교사 생활을 했습니다. 그때에도 내가 하는 일이 얼마나 성스럽고 자랑스러운 일인지를 알고 있었습니다. 한국에 와서도 내가 선택한 직업이 얼마나 소중하고 행복한 일인지 다시금 느끼고 있습니다. 때로는 속상하고 힘들지만 아이들이 무럭무럭 자라고 교육의 힘으로 변해 가는 모습을 볼 때마다 힘들었던 지난날이 행복한 추억처럼 느껴집니다.

게임 중독이었던 아이가 엄마의 핸드폰으로 몰래 70만 원을 결제하여 속상해서 우시던 어머님도 있었습니다. 〈왜 그럴까요? 왜 우리 아이만 이럴까요? 우리 아이가 제정신이 아니고서야 이렇게 할 수 있을까요? 우리 아이가 뭐가 문제일까요?〉 어머님은 너무 속상하고 안타까워 계속 질문을 쏟아내며 눈물만 흘렸습니다. 〈어머니 혼자 아이를 키우시기에 경제적으로도 많이 힘들 텐데, 아이는 그걸 알면서도 왜 이런 짓을 했을까?〉 저 역시 안타까웠습니다. 어머님은 돈이 없어 대출을 받아 갚았다고 합니다.

왕따를 당해 학교에 가기가 싫다고, 죽고 싶다던 아이를 바라보며 속상해하시던 학부모님도 있었습니다. 〈왜 우리 아이를 왕따시킬까요? 한국 애들은 무서운 애들이에요. 선생님, 좀 도와주세요.〉 북한에서 왔다고, 중국에서 왔다고, 엄마가 북한 사람이라고 아이들이 편견을 가지고 왕따를 시키는 것이라고 절규하던 어머님의 모습이 떠오릅니다.

게임에 빠진 상윤이는 중국 출생이고, 왕따를 당한 아이는 북한 출생입니다. 물론 북한 출생이라고 왕따당하는 것도 아니고 중국 출생이라고 게임 중독에 걸리는 건 아닙니다. 하지만 거기에는 분명 이유가 있을 것입니다.

상윤이는 중국 출생이긴 하지만 어렸을 때 왔기 때문에 한글도 잘하고 소통에서도 전혀 문제가 없었습니다. 하지만 제일 가까운 엄마마저 정착하기에 바빠서 신경을 돌리지 못하고, 학교에서도 놀아 주는 친구 한 명이 없었습니다.

왕따를 당한 아이는 뭐가 문제였을까? 북한에서 왔다는 이유 하나로 왕따를 주었을까? 학교 폭력은 일어나서는 안 되며, 또 있을 수 없는 일입니다. 한 아이라도 학교 폭력으로 힘들어한다면 미연에 방지해야겠다는 생각으로 학생들을 한 명 한 명 만나 어떤 방법으로 어떻게 왕따시켰는지 알아보고 해결한 일이 있었습니다. 이후 가해 학생들은 자기들의 잘못을 인정하고 친구를 괴롭히지 않겠다고 약속했고, 피해 학생과 서로 화해하여 친구가 되었습니다. 이 문제를 해결하면서 힘들기는 했지만, 부모님도 행복해하고 아이도 즐거워하는 모습에서 삶의 희열을 느꼈습니다.

꽃도 흔들리며 핀다고 합니다.

이 어린아이들이 일반 학교에서 정착하며 살아가는 것이 결코 간단한 일은 아닐 것입니다. 사랑으로 품어 주고 안아 주고, 믿어 주고, 이끌어 주지 않는다면 아이들은 절망하고 희망을 잃게 됩니다.

나는 내 자리에서 최선을 다해 아이들에게 희망을 주고, 지금의 현실에 너무 연연하지 말고 멀리 내다보면서 천천히 한 발자국씩 걸어간다면 반드시 좋은 일이 있을 거라고 얘기해 주고 있습니다. 또 그렇게 된다고 확신합니다.

한 명 한 명 우리 아이들이 밝은 모습으로 학교생활을 하고 졸업하고 성인이 되는 것을 볼 때마다 참 행복합니다.

내가 가는 이 길은 너무도 평범하고 남들 보기에는 보잘것없는 것 같지만 나에게는 가장 위대하고 자랑스러운 길입니다. 그 길을 오늘도 묵묵히 걷습니다.

탈북 학생 지원 업무를 맡아 보면서

인천 동방초등학교 통일 전담 교육사 최경옥

올해로 대한민국 입국 12년차이고, 통일 전담 교육사로 근무한 지 7년차이다. 이 정도의 기간이면 입국 연한으로 봐도 선배이고, 지금 하고 있는 사업에서도 선배라고 볼 수 있다. 그러나 아직도 내가 탈북민이라는 생각과 탈북민이라서 무언가 부족하다는 생각을 털어 버릴 수 없다. 아마 그것이 자격지심이고 자신감이 없다는 표현이 아닐까.

우리 학교는 탈북 학생 재학생 수가 남한에서 태어난 탈북민 자녀들까지 포함하면 60여 명이나 된다. 밀집 지역이라 꽤 많은 학생이 재학하고 있는데, 그들이 학교생활이나 공부를 잘 할 수 있도록 돕는 것은 참 보람 있는 일이기도 하다.

해마다 느끼는 것이기도 하고 순간순간 부딪치면서 드는 생각이기도 한데, 나라는 존재가 우리 학생들에게는 거의 부모와 같다는 것이다. 바다 한가운데 있는 섬에 홀로 떨어진 씨앗마냥 우리 학생들과 학부모들은 일가친척 하나 없는 대한민국 땅에 홀로 살아간다. 늘 외로움을 등에 달고 견뎌 내고 적응해야 하는 사람들이다.

나 자신도 어느 날 갑자기 남한 땅에 오게 되었고, 내 자녀들도 원하든 원치 않든 부모님을 따라 입국한 후 학교 적응에 어려움을 겪었다. 우리 학생들도 다르지 않다. 태어날 때부터 한 동네에 살았던 친구들, 친척 형제들을 떠나 갑자기 부모님의 의사대로 탈북하게 되었고, 처음 보는 친구들과 학교생활을 하게 되었다.

더욱이 해마다 바뀌는 담임선생님과 반 친구들, 어떻게 보면 새로운 친구들에 대한 기대감과 새로운 담임선생님에 대한 호기심으로 기대 반 설렘 반으로 기다려지는 새 학년이지만 탈북 학생들에게는 제일 견디기 힘들고 이겨 내기 어려운 과정이다. 일반 학생들에 비해 자신감이 많이 떨어져 있고, 친구 사귀기가 학교생활 중에 가장 어렵다고 하는 이들에게는 새 학년이 오히려 걱정 반 두려움 반으로 다가온다.

얼마 전에도 올해 6학년이 된 박주희 학생이 개교 첫날 새로운 학년과 학급 교실 앞에서 들어가지 못하고 어두운 표정으로 서성이는 모습을 보았다. 내가 우리 학교에 온 지 1년이 지난 후 1학년에 입학했던 학생이었다. 또 같은 학년인 송진명 학생도 쭈뼛거리며 교실 밖에서 맴도는 것을 목격했다. 순간 마음이 너무 짠했다. 저들이 왜 저러는지 짐작은 하면서도 너무 속상했고 안쓰러웠다.

내 자녀들이나 우리 학생들이나 제일 힘든 것이 학년 초이다. 애써 사귀어 놓은 친구들과 겨우 정이 들려고 할 때면 꼭 학년이 바뀌고, 새로운 학급과 친구들을 만나야 하기 때문이다. 남한의 교육 시스템 자체가 그러니까 누구를 원망할 수도, 제도를 탓하기도 힘들다. 하지만 어쨌거나 모든 것이 새로운 대한민국 땅에서 누구보다도 힘든 것이 탈북민, 그중에서도 우리 아이들이라고 생각한다.

우리 학교는 내가 온 이후에 탈북 학생이나 북한에 대한 안 좋은 인식이 많이 달라지긴 했다. 하지만 북한이나 중국에서 온 탈북민의 자녀들과 학생들은 여전히 자기를 당당히 드러내지 못하고 숨기려 한다. 사실 이들은 통일 대한민국의 소중한 자산들 아닌가? 이들에 대한 사회적 관심과 지원이 많긴 하지만 아직도 그들의 학교 적응에는 많은 어려운 점이 존재한다.

물론 많은 이들이 우리 학생들을 돕기 위하여 예산도 쓰고 각종 프로그램을 운영하기도 한다. 그러나 내가 이 사업을 하면서 느낀 점을 그대로 적는다면, 모든 것을 일회성이나 이벤트성이 아닌 지속적인 사업으로 해야 하는데 일부 사업을 보면 그냥 사업하는 이들의 예산 집행을 위하여 행해진다. 그렇기 때문에 실제 수혜자들에게 얼마나 도움이 되었는지, 그들의 남한 학교 적응이나 진로 진학에 얼마나 효과가 있겠는지 깊게 따져 보는 경우가 없을 때도 있는 것 같다.

가끔씩 탈북민들이나 탈북 학생 지원을 가지고 역차별이라는 말을 듣는 경우도 있다. 남한 땅에도 생활이 어려운 저소득층들이 많은데……, 다문화 학생들도 있는데……, 왜 탈북 학생만 계속해서 지원하는가라는 얘기를 들을 때면 나는 속으로 그들에게 대답한다.

〈만약 당신이 북한에 가서 일가친척 하나 없이 70여 년의 분단으로 남북이 너무나도 달라져 버린 환경에서 문화적·경제적 차이를 겪으면서 생활해야 한다면 어땠을까요?〉라고.

물론 사회적인 관심과 배려를 응당하다고 생각하는 것은 아니다. 대한민국 국민들과 정부의 관심과 배려, 사랑이라고 생각한다. 그러나 가끔은 가치 없이, 보람 없이 쓰는 일부 사회단체들의 예산을 보면서 〈저 아까운 돈을, 우리 국민들의 세금으로 모았을 저 예산을 왜 저렇게밖에 쓰지 못할까? 저것을 좀 더 현실에 도움이 되게 쓰면 안 될까?〉 하는 안타까운 생각이 든다. 예산 집행을 위한 사업이 되지 않았으면 하는 바람이 있다.

그러나 모든 것에 감사한 것은 대한민국 땅에 발을 들여놓은 순간부터 우리 탈북민들이 모두 가지는 공통적인 생각이다. 앞으로 다가올 미래인 통일 대한민국의 소중한 자산들인 우리 탈북 학생들을 위하여 좀 더 진실한 사회적 관심과 배려를 해주었으면 좋겠다는 생각으로 글을 맺는다.

집으로 가는 행복한 길

여명학교 교감 조명숙

1997년 6월, 꼭 22년 오늘 나는 두만강 가에 있었다.

외국인 노동자를 돕다가 중국에서 마주한 탈북 동포들에게 나는 네팔이나 방글라데시 외국인 노동자들에게 느끼지 못하던 애절함을 느낄 수 있었다.

이런 것이 동포애라는 것일까? 아니면 6·25 때 우리 할머니가 북한으로 피신했더라면 내가 겪을 수 있는 일이었기에 더 남 같지 않은 이웃이 아닌 형제의 감정이 느껴졌기 때문일까? 나는 나도 알 수 없는 복잡한 감정에 사로잡혀 그들을 보고 있었다.

그리고 내가 도울 수 있는지 없는지도 가늠할 겨를 없이 탈북 청소년들은 긴박한 상태에서 나를 쳐다보았다. 마치 사냥꾼의 총부리를 피해 내게 살려 달라고 뛰어 달려온 토끼 같은 눈빛으로 말이다.

한민족이라면, 아니 사람이라면 먼저 그들을 숨기고 살려야 했다. 나는 그렇게 탈북 동포들을 도와주는 일을 시작했다. 연변에 아파트를 빌려 탈북민들과의 〈통일살이〉를 시작했다.

어른들은 대부분 식량을 구하러 왔지만, 송화 가루를 팔러 왔다거나 북한 골동품을 팔러 왔다며 갖가지 이유로 탈북을 했다고 이야기했다. 그러다 북한에서 배우고 알았던 바깥 사회를 경험하고는 다시 북한으로 들어가 가족들을 데리고 나오는 경우가 많았다. 그들이 데려온 아이들에게 나는 공부를 가르쳐 주고 노래도 가르쳐 주다가 물어보았다.

〈왜 나왔니? 왜 탈북 했니?〉라는 바보 같은 질문에 아이들은 〈밥 먹으러 왔는데요〉, 〈아빠가 가자고 해서요〉, 〈쌀 많이 개지고 친구들에게 가져다주려고요〉 하고 대답했다.

너무도 천진한 그 대답에 나는 할 말을 잃고 웃어 보였다.

「그래, 쌀 많이 가지고 친구에게 가자.」

그렇다. 아이들은 그저 아빠가 밥 먹으러 가자고 해서 왔고, 그 밥을 친구들에게 먹이고 싶은 마음뿐이었다. 그게 탈북의 이유였다.

나는 그 아이들을 잘 가르쳐 북한에 있는 친구들을 겸손히 섬기며 먹여 살릴 수 있는 동량으로 키워 내고 싶었다.

귀국하여 탈북 청소년들을 위한 〈여명학교〉를 제안해 섬기게 되었다. 이전에 외국인 노동자를 돕던 내가 탈북 청소년들을 돕는다니까 많은 사람들은 진보적인 사람이 보수가 하는 일을 한다고 이야기했다. 나는 〈아이들을 가르치는 일인데요?〉라고 반문했다.

탈북 청소년들을 가르치면서 이 아이들이 비록 남한의 또래 아이들에 비해 지식이 부족하고 스타일도 촌스럽지만 그들의 마음이 예쁜 것들을 알게 되었다. 아이들 스스로도 남한 친구들과 비교하여 위축되고 자격지심이 생겨 기운이 빠질 때가 많다.

나는 너희들이 남한 학생들보다 못하는 것을 불러 보라고 하고 칠판에다 적는다. 영어, 수학, 국어, 컴퓨터……. 그러다가 기운이 빠진다.

나는 이번에는 남한 또래들보다 너희들이 낫다고 생각되는 것이 무엇이냐고 묻는다. 아이들은 〈진심이요. 우리는 진심으로 생각해 주고 도와주고 싶어 해요〉라고 힘주어 대답한다.

내가 다 적은 후 〈애들아 영어, 수학, 컴퓨터는 가르치면

알 수 있니?)라고 물으니 아이들이 대답한다.

「그럼요, 열심히 하고 오래하면 배워지죠.」

「그래 너희들이 부족한 것은 배우고 가르칠 수 있는 것이야. 그런데 말이다……. 진심은 가르칠 수도 배울 수도 없는 거야. 니들이 그래서 이쁘고 좋아.」

그러자 아이들의 어깨가 올라가고 눈동자의 초점이 진해진다.

〈힘들어도 조금만 참고 열심히 하자. 그래서 나중에 북한에 있는 친구들 도와줄 수 있는 사람들이 되자~〉라고 했더니 아이들은, 〈선생님 맞슴다. 그렇게 친구들이 기다리고 있는 집으로 가야지요〉라며 웃는다.

이 아이들의 말처럼 통일은 북한 이탈 청소년들에게 〈집으로 가는 행복한 길〉인 것이다.

그래서 교사인 나는 오늘도 희망을 품고 가르치며, 공부하는 북한 이탈 청소년들을 보며 기운을 얻는다.

통일, 그려 보기

여명학교 국어교사 변정훈

분단 70년이 넘는 시간 동안 하나 된 한반도에 대한 많은 상상을 하며 사람들이 밑그림을 그리곤 합니다. 경제인은 〈사업〉의 관점에서, 정치인은 〈정세적〉 관점에서, 문화계는 〈문화 교류와 통합〉의 관점에서 저마다의 장밋빛 미래를 말하곤 합니다. 물론 70년 넘게 총부리를 겨누고 있었던 우리 민족에게 통일은 분명 〈평화〉와 〈화해〉의 시대가 될 것은 자명한 사실입니다. 남북한 7천만 민족의 오랜 소망이었기에, 〈꿈에도 소원은 통일〉이었기에 긴 기다림 끝에 맞이할 그날은 분명 좋은 날이 될 것이라고 믿습니다.

하지만 우리가 〈그날〉을 행복하게 맞기 위해서 미리 알고 준비해야 할 것들이 많이 있습니다. 남과 북은 70년 동안 정치, 경제, 문화, 교육 등 사회 전반에서 다른 길을 걸어왔기 때문에 서로의 거리는 굉장히 멀어져 있다는 것을 인식해야 합니다. 쉽게 만날 수 없고, 서로 확인할 수 있는 길이 없기에 우리가 서로 좁혀야 할 거리가 어느 정도인지를 가늠하기란 쉬운 일이 아닙니다. 다만 우리에게 그런 기회가 있다면 북한에서 이곳을 찾아 준 북한 이탈 주민들과의 연습이 가능하다는 것입니다. 현재 북한에서 온 어린 학생들이 남한 적응 과정에서 겪고 있는 어려움들이 아마도 통일 후 10년 안에 겪게 될 여러 통일 시나리오들 중에 하나이지 않을까 조심스럽게 예측해 봅니다.

남한과 북한이 서로 좁혀 나가야 하는 가장 큰 간극은 사람 사이의 거리입니다. 언어와 문화, 정서의 차이를 줄여 나가는 것이 중요합니다. 북한에서 온 학생들을 가르치다 보면, 본마음과 의도는 그렇지 않지만 서로의 표현 방식이 달라서 오해가 생기는 경우들이 많습니다. 언어적 차이는 사실 어느 정도의 시간이 흐르면 차이를 인식하고 이내 해결될 문제입니다. 그보다는 그 언어의 사용 주체인 남한 출신과 북한 출신 사람들이 서로를 존중하고 이해하려는 마음의 자세가 더욱 중요한 것 같습니다. 이러한 존중의 마음이 관계와 차이를 극복하는 튼튼한 기초가 되어 준다면 어렵지 않게 문제를 해결하고 갈등을 조정해 나갈 수 있을 것입니다.

흔히들 북한 이탈 주민들을 향해 〈동정〉의 마음을 갖는 것은 잘못됐다, 조심해야 한다고들 합니다. 하지만 저의 개인적인 소견으로는 통일과 통합의 대상인 북한 분들에 대한 〈동정〉의 마음이 나쁘지만은 않다고 생각합니다. 동정의 마음 역시 상대방을 향한 선한 마음의 발로이며 긍정적인 반응의 한 가지 모습이라고 생각합니다. 물론 상대방보다 높은 위치에서 〈시혜(施惠)〉를 베푸는 모양새는 주의해야겠습니다.

통일 후, 북한의 많은 가정이 심각한 가족 문제를 겪게 될 것으로 예상됩니다. 고난의 행군 시기에 많은 가정이 해체를 경험했기에, 오래되고 깊은 상처가 아물기 위해서는 당사자들의 노력만으로는 버거울 것입니다. 주위의 우리가 조금 더 안고 보듬어 줄 수 있는 넉넉함을 베풀어야 우리 민족의 큰 생채기가 아물 수 있다고 믿습니다. 여기에는 동정이든, 공감이든, 존중이든, 배려이든, 어떤 마음도 괜찮다고 생각합니다. 혐오의 시대로 치닫고 있는 세태에서, 어떤 마음이든 긍정의 마음과 닮아 있는 마음이면 충분한 심리적 자산이 되리라고 확신합니다.

통일에 앞서 많은 우려와 걱정이 되는 것이 사실입니다. 하지만 앞서 이야기했던 마음의 기본을 갖춘다면 통일은

〈꽃길〉이 될 수 있다고 생각합니다. 그런 희망적 모습은 아마도 북한에서 온 학생들에게서 찾을 수 있을 것입니다. 통일이 되면 북한에서 온 학생들이 가장 하고 싶어 하는 일이 〈우리 집, 우리 동네〉를 찾아가는 것입니다. 어릴 적 놀던 동산, 멱 감던 냇가를 가보고 싶어 합니다. 유년 시절 헤어졌던 동생, 부모님이 여전히 기다리고 있을지, 친구들이 그대로 있을지 너무 궁금해합니다. 학생들이 바라고 기다리는 통일의 모습은 〈예전의 우리 동네〉입니다.

통일이 되면 우리의 오랜 상상이 현실이 됩니다. 한반도의 모든 중고등학교에서 〈백두대간 종주 수학여행〉이 들불처럼 유행할 것입니다. 지리산에서 출발해 속리산, 태백산, 오대산, 설악산을 거쳐 금강산, 묘향산, 백두산에 이르는 〈진짜〉로 국토를 종단하는 수학여행이 이루어질 것입니다. 큰 꿈과 기개를 가진 우리나라의 학생들이 온 국토를 제한 없이 누비며 다니는 장면만으로도 온 국토에 활력과 생기가 넘칠 것으로 기대가 됩니다. 허리가 잘리고 맥이 끊어졌던 국토에 혈색이 돌고 숨통이 트여 우렁찬 호랑이의 포효가, 잠자던 한반도를 깨우는 꿈을 꿉니다. 나아가 한반도에서 출발해 중국과 중앙아시아, 러시아를 거쳐 유럽까지 유라시아를 횡단하는 장기간 이동식 체험 학습인 〈동서

고금(東西go今)〉프로젝트로 세계를 호령하는 우리 남북한 청소년들을 기대하게 됩니다.

통일이 되면 학생들은 〈성공한 사람〉이 되고 싶어 합니다. 북한 고향으로 돌아가서 학교를 짓겠다, 병원을 짓겠다, 교회를 짓겠다, 무료 급식 봉사활동을 하겠다는 각자의 큰 포부들이 있습니다. 하지만 그 〈성공〉은 돈을 많이 벌고, 명예가 높아지는 그런 흔한 성공이 아닙니다. 북한 이탈 청소년들이 바라는 성공의 결은 조금 다릅니다. 북한 이탈 청소년들은 남한에 와서 국민들의 세금으로 주택도 제공받고, 매달 생계비도 지원받고, 의료비와 대학 등록금을 지원받고 있다는 것을 잘 알고 있습니다. 대한민국 국민들이 쉴 만한 보금자리를 마련해 주고, 아플 때는 치료해 주고, 공부를 할 수 있도록 도움을 주었다는 것을 잘 알고 있습니다. 부모님이나 가족 한 명 없이 대한민국에서 홀로 살아남아야 하는 불안 속에서, 대한민국 국민들이 제공한 사회 안전망이 안전함과 따뜻함으로 겹겹이 학생들을 보호하고 길러 주었다는 것을 잘 알고 있습니다. 그래서 학생들은 북한으로 돌아갈 때는 꼭 성공해서, 본인들이 받은 만큼 〈베푸는 삶〉을 살고 싶다고 합니다. 무언가를 더 높게 쌓아 올리는 성공이 아니라, 널리 나누고 많은 사람을 이롭게 하는 것이 학생들이 바라는 성공적인 통일의 또 다른 모습입니다. 이 모습은 우리 학생들만이 바라는 통일의 모습이 아니라, 이 친구들을 돕고 응원했던 우리 대한민국 모두가 바라는 참된 통일의 모습이라고 확신합니다.

내가 꿈꾸는 통일

여명학교 교사 이승주

탤런트 차인표 씨가 백두산 자락의 한 마을을 배경으로 쓴 장편소설 『잘가요 언덕』에는 〈오세요 종〉이 나온다. 집 나간 가족이 그리울 때마다 그 마을 사람들은 마을 어귀에 있는 종을 치는데, 〈오세요~〉 하고 울리는 종소리 때문에 붙은 이름이라고 한다. 나는 책을 읽는 내내 그 종소리가 마치 북한에 있는 동생이 빨리 오라고 나를 부르는 소리 같았다.

나는 함경북도 무산에서 태어났다. 아버지는 평양에서 대학을 졸업한 분이었고 어릴 적 우리 집에는 책이 무척 많았다. 그런 아버지가 평양에서 쫓겨나 함경북도의 광산에서 일하면서 우리 가족은 어쩔 수 없이 이사했다. 어머니는 농장에서 일을 해야 했기에 어린 나를 늘 집에 가둬 둬서 구루병에 걸리기도 했다. 어머니가 없을 땐 내가 늘 어린 동생을 보살펴야 했는데, 나보다 여섯 살 어린 동생을 업고 다니면서 혼내기도 하고, 밥도 떠먹이고 하면서 함께 놀던 기억이 아직도 생생하다.

내게는 원래 동생이 한 명 더 있었지만 갓난아기 때 젖을 먹지 못해 일찍 죽었다. 어느 날 푸르스름한 새벽빛에 깨어 한 살도 안 된 남동생의 잠든 얼굴을 보니 코에 피가 나 있었다. 이상해서 어머니를 깨웠더니 어머니는 놀라서 울기만 했고, 새벽에 광산에서 퇴근한 아버지가 동생을 안고 나갔다. 동생이 죽었다는 것을 누가 말해 주지 않아도 알 수 있었다. 그러나 어머니에게 묻지 못했다. 왠지 동생 얘기를 꺼내면 안 될 것 같았기 때문이다. 며칠 지나서야 어머니께 물었더니 아무도 모르는 곳에 묻었다고만 했다.

내 기억에 아버지는 가마솥에 들어갔다 나온 것은 무엇이든 맛있게 먹는 분이었다. 그런 아버지가 어느 날 밥상 앞에서 쓰러졌다. 가까운 진료소에서 의사가 왔다. 따뜻한 물을 마시게 하고 다리미로 배를 따뜻하게 하고 온몸을 주무르는 등 응급처치를 하자 아버지의 정신이 겨우 돌아왔다. 아버지는 그전에도 영양실조로 여러 차례 쓰러졌지만 온 가족이 굶고 있는 상황에서 특별한 보양식 같은 것은 생각조차 할 수 없었다. 그날 어머니는 아버지를 위해 산에서

땔감을 해와 밤새 아궁이에 불을 지폈다. 아버지와 어머니는 관계가 좋은 편이 아니었지만, 아버지가 숨을 거두자 어머니는 너무 울어 여러 번 기절했다. 굶어서 죽어 가는 남편을 지켜보는 아내의 심정을, 열두 살이었던 나는 다 느낄 수 없었고 앞으로도 알 수 없을 것이다. 그날 이웃들이 십시일반으로 모아 준 따뜻한 흰 쌀밥을 아버지 사진 앞에 올려놓으며 나는 생각했다. 〈이 밥이 하루만 일찍 차려졌더라면 아버지는 죽지 않았을 텐데…….〉 당시 어른들은 〈죽은 사람이 가장 행복한 사람이다. 가족들에게도 입 하나 덜어서 잘된 일이다〉라고들 했지만, 아버지를 묻고 돌아오니 아버지가 누워 계셨던 자리가 너무 커 보였다.

그렇게 아버지는 마흔둘의 나이로 세상을 떠났고, 어머니는 식량을 구하거나 장사를 한다며 나가서 몇 달씩 돌아오지 않았다. 나와 동생은 부모님의 부재 속에서 풀만 먹다가 풀 중독으로 얼굴이 부은 채 시장을 돌아다녔고, 그러다 잡혀 수용 시설에 가게 되었다. 그때 헤어진 동생을 이듬해 동생 생일에 마지막으로 만나고, 지금껏 22년간 만나지 못했다.

탈북 후 5년간의 중국 생활을 정리하고 북한으로 돌아갔다가 군인들에게 잡혀 고초를 겪었다. 꽃제비 숙박소(수용

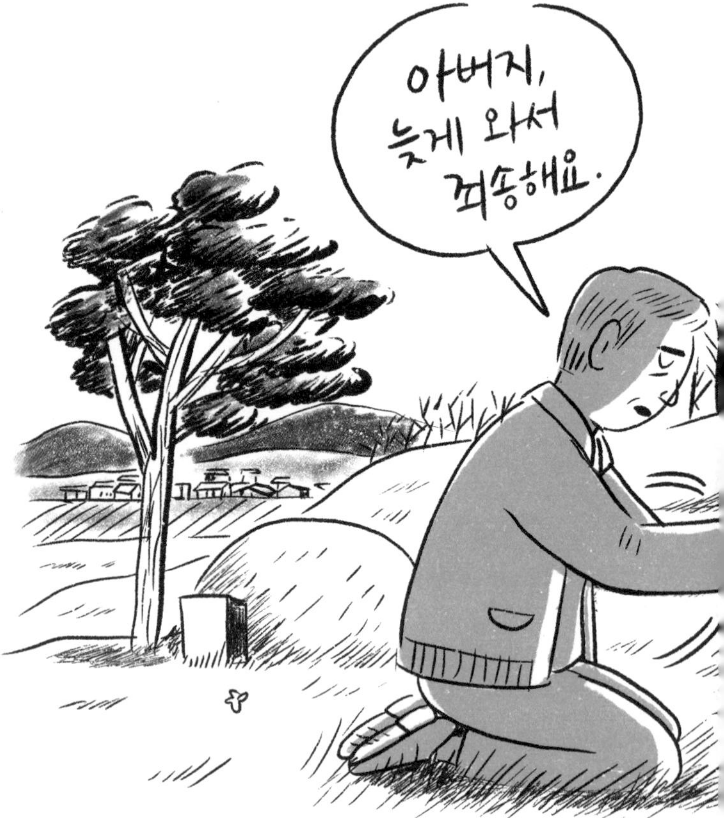
아버지, 늦게 와서 죄송해요.

소)에 간 다음 날, 상무들은 나에게 삽을 주고 꽁꽁 얼어붙은 땅을 파게 했다. 추운 겨울날 얼어붙은 땅을 판다는 것은 건강한 사람에게도 쉬운 일이 아닐 테지만, 당시 영양실조를 겪고 있던 나에게는 더욱 고역이었다. 그 묘에 묻힐 사람은 내가 그곳에 가기 전날 상무들에게 매를 심하게 맞았다고 꽃제비들이 훗날 수군대는 것을 들었다. 상무들이 그 사람을 때리고, 꽃제비들도 달라붙어 함께 때린 듯했다.

생면부지의 사람이 누울 자리를 파면서 나는 아버지의 묘를 생각했다. 아버지의 묫자리를 팠던 사람들도 땅이 얼어서 힘겹게 팠다는 얘기를 했었다. 마흔둘의 나이에 연약한 처자식을 두고 죽은 아버지를 땅은 수용할 수 없었을지도 모른다.

아버지가 묻힌 후로 청명이든 추석이든 단 한 번도 찾아간 적이 없었고, 집에서 제사도 지낸 적이 없었다. 산소가 멀어서도 아니고 바빠서도 아니었다. 먹을 것이 없으니 찾아갈 수 없었다. 술 한 병 살 돈만 있어도 찾아가서 한 잔 붓고 실컷 울고 싶었는데, 굶으면서까지 산소에 찾아갈 효심은 오랜 굶주림에 말라 버린 상태였다. 나는 나무하러 다니면서도 아버지 산소 근처에 있는 길을 피해 다른 길로 다녔다. 한 번도 찾아가지 못한 미안함과 편히 누워 있는 아버지에 대한 원망이 뒤엉킨 복잡한 심경 때문이었을 것이다.

지금 와서 생각해 보면 아버지의 죽음에는 반전이 있었다. 아버지가 일찍 세상을 떠나면서 우리 가족은 더 힘든 시간을 보내게 되었다. 그러나 그 고생이 결국 우리를 탈북으로 이끌었고, 내가 오늘날의 모습으로 살 수 있도록 했다.

그러나 반전도 꿈꿀 수 없는 죽음을 목격한 적이 있다. 꽃제비 숙박소에 있던 형들 중에 일명 〈짤룩이〉라는 별명을 가진 형이 있었다. 본명을 부르는 사람이 아무도 없었기에 이름은 모른다. 한쪽 다리가 짧아서 걸을 때 절룩거리면서 걷는 모습 때문에 붙여진 별명인 듯했다. 나이가 꽤 있었던 그 형이 한번은 일어나 앉더니 앉은 자리에 소변을 보고 말았다. 맨 끝에 누워 있던 나의 등으로 따뜻한 것이 흘렀다. 순간 오줌이라는 것을 감지하고 벌떡 일어났지만 이미 옷은 다 젖은 후였다. 사람들은 그 형을 혼내라고 했지만 이미 충분히 비참해진 그 형을 나무라는 것은 꺼져 가는 심지에 바람을 부는 일 같았다. 며칠 후 아침 식사 시간에 그 형은 밥을 한술 입에 문 채 그대로 앞으로 거꾸러졌다. 그것이 그 형의 생의 마지막 모습이었다. 나는 오줌이 채 마르지 않은 내 옷을 그 형에게 덮어 보냈다. 다른 꽃제비들은 아무 일도 없었다는 듯이 그 형이 먹던 밥을 한 숟가락씩 나눠 먹고 있었다. 죽은 사람에 대한 슬픔보다, 죽은 사람이 남긴 밥을 먹고 싶다는 본능이 훨씬 더 강해야만 가능한 행동이었다. 그때만큼은 정말 죽음보다 끔찍하고 불쌍한 것이 삶인 것 같았다.

나는 그렇게 가족의 죽음을 시작으로 기차역에서 굶어 죽은 꽃제비, 꽃제비 숙소에서 영양실조로 죽은 꽃제비 등 죽음을 가까이에서 여러 번 목격했다. 어린 나에게 죽음은 늘 삶과 맞닿아 있었다. 그래서인지 죽음이 두렵지는 않았지만 그렇다고 익숙하지도 않았다. 왜 사람이 그렇게 죽어야 하는가?

통일이 되면 천문학적인 통일 비용보다 더 큰 유익이 있을 것이라고 전문가들은 말한다. 남북한 간 전쟁의 위험도 사라질 것이고, 가족을 그리워하며 마음속으로 수없이 〈오세요 종〉을 치고 있는 이들의 슬픔도 극복될 것이다.

대한민국에서 대학을 졸업하고, 대학원까지 나온 나에게 통일을 정치·경제와 연결시켜 생각하는 것은 여전히 어렵다. 나는 동생을 다시 만날 그날을 위해 한국에 온 후로 매달 생활비의 일부를 아껴 적금으로 붓고 있다. 동생을 만나면 아끼지 않고 쓸 것이다. 나 개인이 준비하는 통일 비용인 셈이다.

내가 생각하는 통일의 본질은 헤어진 동생을 만나는 것이고, 그리운 고향 산천을 밟아 보는 것이다. 가난했던 내 어린 날의 발바닥이 딛고 자랐던 그 땅을 다시 한번 밟아 보는 것이다. 아버지의 묘에 찾아가 술 한잔 따르는 것이다. 죽음보다 불쌍한 삶을 살던 아이들에게 인간다운 삶을 살 수 있도록 돕는 것이다. 입을 옷이 없어서 밖에 못 나갈 걱정 없이, 굶주려서 죽는 일 없이 평범한 삶을 살 수 있도록 돕는 것이다. 그 누구도 살기 위해 목숨을 걸고 탈북을 할 필요가 없는 세상에 사는 것이 내가 꿈꾸는 통일이다.

엮은이 **정은찬** 북한 원산경제대학교와 경북대학교를 거쳐 현재 통일교육원 교수로 재직 중이다. 이 땅에서 살아가는 탈북민들, 특히 탈북 청소년들의 이야기를 들려주고 싶다는 마음으로 한겨레 중·고등학교, 여명학교, 다음학교 등 탈북 청소년 대안 학교와 일반 학교에 재학 중인 탈북 청소년들의 글을 모았다.

손안의 통일 ❺

분단을 건너는 아이들

발행일   2019년 12월 25일 초판 1쇄
         2021년 1월 1일 초판 3쇄

엮은이   정은찬
발행인   홍지웅 · 홍예빈
발행처   주식회사 열린책들

경기도 파주시 문발로 253 파주출판도시
전화 031-955-4000 팩스 031-955-4004
www.openbooks.co.kr

Copyright (C) 정은찬, 2019, *Printed in Korea.*
ISBN 978-89-329-2001-6 04300 ISBN 978-89-329-1996-6 (세트)

이 도서의 국립중앙도서관 출판예정도서목록(CIP)은 서지정보유통지원시스템 홈페이지(http://seoji.nl.go.kr)와 국가자료공동목록시스템(http://www.nl.go.kr/kolisnet)에서 이용하실 수 있습니다.(CIP제어번호:CIP2019049584)